书有道●阅无界

策划出品 | YUEKE 阅客

道德与法治融合教育模式的构建与实施

邓小乐 ◎ 著

羊城晚报出版社
·广州·

图书在版编目（CIP）数据

道德与法治融合教育模式的构建与实施 / 邓小乐著.
广州：羊城晚报出版社，2025.5. -- ISBN 978-7-5543-1395-4

Ⅰ. G633.202

中国国家版本馆 CIP 数据核字第 2025B8H150 号

道德与法治融合教育模式的构建与实施

DAODE YU FAZHI RONGHE JIAOYU MOSHI DE GOUJIAN YU SHISHI

责任编辑	王晓娜　姚纪芳
责任技编	张广生
装帧设计	阅客·书筑设计
出版发行	羊城晚报出版社
	（广州市天河区黄埔大道中 309 号羊城创意产业园 3-13B　邮编：510665）
	发行部电话：（020）87133053
出 版 人	陶　勇
经　　销	广东新华发行集团股份有限公司
印　　刷	深圳市精彩印联合印务有限公司
规　　格	787 毫米 ×1092 毫米　1/16　印张 15　字数 230 千
版　　次	2025 年 5 月第 1 版　2025 年 5 月第 1 次印刷
书　　号	ISBN 978-7-5543-1395-4
定　　价	88.00 元

版权所有　**翻印必究**（如发现因印装质量问题而影响阅读，请与印刷厂联系调换）

序　言

在当今社会，随着法治建设的不断推进和道德观念的日益多元化，道德与法治教育在培养具有社会责任感、法治意识和良好道德品质的公民方面扮演着至关重要的角色。然而，传统的教育模式往往将道德与法治教育作为两个相对独立的领域进行教授，忽视了它们之间的内在联系和相互促进作用。因此，构建与实施道德与法治融合教育模式，实现二者的有机融合，成为当前教育改革的重要议题。

本书《道德与法治融合教育模式的构建与实施》正是基于这一背景，旨在深入探讨道德与法治融合教育模式的构建策略、实施路径和评估方法，为教育工作者提供一套全面、系统且实用的指导方案。期望本书的研究，能够推动道德与法治教育的创新发展，提升学生的综合素养，为培养德智体美劳全面发展的社会主义建设者和接班人贡献力量。

本书的核心内容包括道德与法治融合教育模式的理论基础、构建策略、实施路径和评估体系。在理论基础部分，梳理道德与法治教育的历史发展、主要理论流派及其核心观点，为融合教育模式的构建提供理论支撑；在构建策略部分，探讨如何整合课程内容、创新教学方法、完善评价体系，以实现道德与法治教育的有机融合；在实施路径部分，提出具体的实施步骤和措施，包括教师培训、教材开发、实践活动开展等，为融合教育模式的实施提供可操作性的指导；在评估体系部分，建立科学合理的评估标准和方法，对融合教育模式的实施效果进行客观评价。

本书的研究不仅具有重要的理论意义，更具有重要的实践价值。通过本书的研究，期望能够为教育工作者提供有益的参考和借鉴，推动道德与法治教育的改革与创新,为学生的全面发展奠定坚实的基础。同时,也希望本书能够引起更多学者和教育工作者的关注和研究,共同推动道德与法治融合教育模式的不断完善和发展。

目 录

第一章 理论基础与文献综述

第一节 道德与法治教育的理论基础……………………………… 003
第二节 融合教育模式的理论支撑…………………………………… 021
第三节 文献综述……………………………………………………… 024

第二章 道德与法治教育模式的构建

第一节 模式概述……………………………………………………… 049
第二节 构建原则……………………………………………………… 081
第三节 构建方法……………………………………………………… 109

第三章 道德与法治融合教育模式的实施策略

第一节 实施准备……………………………………………………… 115
第二节 实施步骤……………………………………………………… 123
第三节 实施保障……………………………………………………… 167

第四章　实践案例与效果分析

第一节　实践案例 …………………………………………… 203
第二节　效果分析 …………………………………………… 212

第五章　挑战与对策

第一节　面临的挑战 ………………………………………… 221
第二节　应对的策略 ………………………………………… 223

第六章　结论与展望

第一节　研究结论 …………………………………………… 227
第二节　未来展望 …………………………………………… 228

后　　记 ……………………………………………………… 229

参考文献 ……………………………………………………… 231

第一章 理论基础与文献综述

在当今社会，随着法治建设的不断推进和道德教育的日益重视，道德与法治的融合教育已成为教育领域关注的热点话题。这一教育模式的提出，旨在通过整合道德与法治的教育内容，培养学生的道德素养和法治观念，为他们的全面发展奠定坚实基础。

本章作为《道德与法治融合教育模式的构建与实施》的开篇，将重点探讨该模式的理论基础与文献综述。笔者将从教育学、法学、社会学等多个学科角度出发，深入挖掘道德与法治融合教育的理论依据，为后续章节的深入研究提供坚实的理论支撑。

同时，本章还将对国内外相关领域的研究成果进行综述，梳理道德与法治融合教育的发展历程、研究现状和存在的主要问题。通过对比分析不同学者的观点和研究成果，力求揭示该模式的内在规律和发展趋势，为构建与实施道德与法治融合教育模式提供有益参考。

总之，本章旨在为读者提供一个全面、深入的理论基础与文献综述，以更好地理解道德与法治融合教育模式的内涵与价值。笔者相信，通过本章的学习，读者将能够更加清晰地认识到该模式的重要性和意义，为后续章节的深入研究打下坚实的基础。

第一节 道德与法治教育的理论基础

道德与法治教育的理论基础是构建其教育体系的重要基石，它涵盖了多个学科领域和理论流派的思想精华。

一、马克思主义德育思想

马克思主义德育思想是道德与法治教育的重要理论基础之一。作为对马克思列宁主义、毛泽东思想、邓小平理论、"三个代表"重要思想、科学发展观的继承和发展，习近平新时代中国特色社会主义思想对德育法治化具有理论的指引作用。这一思想强调要发挥刚性的法律与柔性的道德、法律他律与道德自律的协同互补作用，坚持依法治国，不断提升国家治理能力。特别是党的十九届四中全会提出的"坚持依法治国和以德治国相结合"，为道德与法治教育的融合提供了明确的方向。

（一）马克思主义德育思想的基本原理

历史唯物主义基础：阐述马克思主义德育思想是建立在历史唯物主义基础之上的，认为道德是社会存在的一种反映，是社会经济关系的产物。因此，德育必须紧密结合社会实际，反映时代要求。

人的全面发展：强调德育的最终目标是促进人的全面发展，包括智力、体力、道德品质和审美情操等方面的协调发展。这与社会主义法治教育的目标相辅相成，共同致力于培养德智体美劳全面发展的社会主义建设者和接班人。

阶级性与历史性：指出道德具有阶级性和历史性，不同社会形态下的道德标准有所不同。因此，德育内容必须适应社会主义初级阶段的经济基础和上层建筑，体现社会主义道德的基本要求。

实践与理论相结合：强调德育必须与实践相结合，通过实践活动来检验和丰富德育理论。同时，德育理论也要不断指导实践，推动德育工作的创新发展。

（二）马克思主义德育思想在道德与法治教育中的应用

指导德育课程设置：根据马克思主义德育思想，设置符合社会主义道德和法治要求的德育课程，确保德育内容的科学性、时代性和针对性。

强化法治观念教育：结合马克思主义关于法律与道德关系的论述，加强法治观念教育，使学生认识到法律是道德的底线，是维护社会秩序和公平正义的重要保障。

注重实践育人：通过组织社会实践活动、志愿服务等方式，让学生在实践中感受道德的力量和法治的价值，增强道德责任感和法治意识。

发挥教师引领作用：教师是德育工作的主体，要发挥教师的引领作用，加强师德师风建设，提高教师的道德素质和法治素养，为学生树立良好的榜样。

（三）马克思主义德育思想的当代价值

引领时代潮流：马克思主义德育思想具有鲜明的时代性和前瞻性，能够引领当代道德与法治教育的潮流，推动教育事业的创新发展。

培养高素质人才：通过马克思主义德育思想的指导，能够培养出具有高尚道德情操、坚实法治素养和全面发展的高素质人才，为社会主义建设事业提供有力的人才支撑。

促进社会和谐稳定:马克思主义德育思想强调道德与法治的有机结合,有助于培养学生的社会责任感和公民意识,促进社会和谐稳定。

综上所述,马克思主义德育思想作为无产阶级德育理论的科学基础,对当代道德与法治教育具有重要的指导意义。我们要深入挖掘马克思主义德育思想的丰富内涵和时代价值,将其贯穿于道德与法治教育的全过程和各方面,为培养德智体美劳全面发展的社会主义建设者和接班人贡献力量。

二、教育学理论

教育学作为一门深入探讨教育现象、系统揭示教育内在规律的科学,对于指导教育实践、推动教育改革具有不可估量的价值。在道德与法治教育这一关键领域中,教育学的作用尤为突出。它不仅为道德与法治教育提供了坚实的理论基础,还为其指明了发展方向,确保了教育的针对性和实效性。

(一)教育学在道德与法治教育中的理论支撑

1.教育本质与目标的阐释

教育学深入剖析了教育的本质,明确了教育旨在促进人的全面发展。在道德与法治教育中,这一理念被具体化为培养学生的道德素养、法治观念和公民意识,为教育的实施提供了明确的目标导向。

2.教育过程与规律的揭示

教育学详细描述了教育过程的基本阶段和内在规律,如学生的认知发展过程、道德情感的形成等。这些规律为道德与法治教育提供科学的教学方法和策略,确保了教育内容的有效传递和学生素养的全面提升。

3.教育原则与方法的指导

教育学提出了一系列教育原则，如因材施教、启发性教学等，这些原则在道德与法治教育中得到了广泛应用。同时，教育学还提供了丰富的教学方法，如案例教学、情境教学等，这些方法的运用极大地提高了道德与法治教育的吸引力和实效性。

（二）教育学在道德与法治教育中的实践应用

1.课程设计与教学内容的优化

借助教育学的理论指导，道德与法治教育的课程设计更加科学、合理。教学内容既符合学生的认知规律，又紧密联系社会实际，确保了教育的时代性和针对性。

2.教学方法与手段的创新

教育学为道德与法治教育提供了丰富的教学方法和手段。教师不再局限于传统的讲授方式，而是更多地采用讨论、辩论、模拟法庭等互动式教学方法，激发学生的学习兴趣和积极性。

3.教育评价与反馈的完善

教育学强调教育评价的重要性，为道德与法治教育提供了科学的评价体系。通过对学生学习效果的客观评价，教师可以及时了解教学情况，调整教学策略，实现教育的持续优化。

（三）教育学在道德与法治教育中的不可替代性

教育学作为研究教育现象、揭示教育规律的科学，在道德与法治教育中具有不可替代的地位。它不仅为教育提供了坚实的理论基础，还指导了教育实践，确保了教育的科学性和有效性。同时，教育学还和道德与法治教育相互促进、共同发展，推动了教育事业的持续繁荣。

教育学在道德与法治教育中占据着举足轻重的地位。它不仅是教育的理论基础,更是教育实践的指导者。通过深入挖掘教育学的丰富内涵和时代价值,我们可以不断提升道德与法治教育的针对性和实效性。

教育学理论作为深入探讨教育本质、过程、规律及方法的科学体系,对于指导各类教育实践具有不可估量的价值。在道德与法治教育这一关键领域,教育学理论更是发挥了举足轻重的作用。它不仅为道德与法治教育提供了坚实的理论基础,还为其提供了科学的方法论指导,从而极大地提升了教育的针对性和实效性。

(四)教育学理论为道德与法治教育提供的理论基础

1.教育目标的明确

教育学理论首先明确了教育的根本目标,即促进人的全面发展。在道德与法治教育中,这一目标被具体化为培养学生的道德素养、法治观念和公民意识。教育学理论为这一目标提供了理论支撑,确保了教育的方向性和目的性。

2.教育内容的科学构建

教育学理论强调了教育内容应符合学生的认知规律和社会发展的需求。在道德与法治教育中,教育学理论指导我们根据学生的年龄特点、认知水平和社会实际,科学构建教育内容,确保教育的时代性和针对性。

3.教育过程的优化

教育学理论揭示了教育过程的基本规律和阶段,为道德与法治教育提供了科学的教学流程和方法。通过遵循这些规律和阶段,我们可以更有效地引导学生学习,提升他们的道德素养和法治观念。

（五）教育学理论为道德与法治教育提供的方法论指导

1.教学方法的多样化

教育学理论提倡采用多样化的教学方法，以激发学生的学习兴趣和积极性。在道德与法治教育中，我们借鉴教育学理论，运用案例教学、情境教学、项目式学习等多种教学方法，使学生更好地理解和掌握道德与法治知识。

2.教学策略的针对性

教育学理论强调教学策略应根据学生的个体差异和认知特点进行制定。在道德与法治教育中，我们根据学生的实际情况，制定有针对性的教学策略，确保每个学生都能得到适合自己的教育。

3.教育评价的科学性

教育学理论重视教育评价的科学性和客观性。在道德与法治教育中，我们借鉴教育学理论的评价方法，建立科学的评价体系，对学生的道德素养、法治观念和公民意识进行全面、客观的评价，为教学的持续改进提供有力支持。

（六）教育学理论对提升道德与法治教育针对性和实效性的贡献

1.增强教育的针对性

教育学理论使道德与法治教育更加符合学生的认知规律和社会实际，从而增强了教育的针对性。通过科学构建教育内容和制定有针对性的教学策略，我们能够更好地满足学生的需求，提升教育的效果。

2.提高教育的实效性

教育学理论为道德与法治教育提供了科学的教学方法和策略，使我们能够更有效地引导学生学习，提高他们的道德素养和法治观念。同时，通过科学的教育评价，我们能够及时了解教学情况，调整教学策略，实现教育的持续优化和提升。

综上所述，教育学理论为道德与法治教育提供了坚实的理论基础和科学的方法论指导。通过深入挖掘教育学理论的丰富内涵和时代价值，并将其贯穿于道德与法治教育的全过程和各方面，我们可以不断提升教育的针对性和实效性，为培养学生的道德素养、法治观念和公民意识贡献力量。

三、心理学理论

心理学理论在道德与法治教育中发挥着重要作用。例如，皮亚杰（Jean Piaget）的认知发展理论强调个体在认知过程中的主动性和建构性，这对于理解学生在道德与法治学习中的心理过程具有重要意义。此外，社会学习理论也指出，个体通过观察、模仿和强化等方式习得社会行为，这为道德教育和法治教育提供了心理学依据。

（一）心理学在道德教育中的作用

1.道德观念形成的心理学基础

心理学研究表明，个体的道德观念并非孤立形成，而是受到多种外在因素的影响，如家庭环境、社会文化、同伴关系等。这些外部因素通过个体的认知、情感和行为过程，逐渐内化为个体的道德观念。因此，心理学为理解道德观念的形成提供了重要的理论基础。

2.道德情感与道德行为的心理机制

心理学关注个体的道德情感和道德行为的心理机制。道德情感如同情、内疚、羞耻等，是推动个体进行道德判断和行为的重要动力。同时，个体的道德行为也受其认知、动机、价值观等多种心理因素的影响。心理学通过深入研究这些心理机制，为道德教育的实施提供了科学依据。

3.道德教育中的心理干预策略

心理学还提供了多种心理干预策略，以支持道德教育的有效开展。例如，通过榜样示范、情感教育、互动交流等方式，激发学生的道德情感，培养其良好的道德品质。此外，心理学还强调个体差异和因材施教的重要性，为道德教育的个性化实施提供了指导。

（二）心理学在法治教育中的作用

1.法治观念的心理基础

法治观念的形成同样受到个体心理因素的影响。心理学通过研究个体对法律的认知、态度和行为，揭示了法治观念的心理基础。这些研究有助于教育者更好地了解学生的法治观念现状，从而制定更具针对性的教育策略。

2.法律遵守的心理机制

心理学关注个体遵守法律的心理机制，包括法律认知、法律认同和法律服从等方面。这些心理机制的研究，有助于教育者理解学生遵守法律的内在动力，从而通过有效的教育手段提升学生的法律素养和法治观念。

3.法治教育中的心理支持

在法治教育过程中，学生可能会遇到各种心理困惑和挑战。心理学通过提供心理支持，帮助学生克服心理障碍，树立正确的法治观念。例如，针对学生对法律的恐惧或抵触情绪，教育者可以通过心理辅导、案例分析等方式，引导学生正确认识法律的价值和意义。

（三）心理学在道德教育和法治教育中的综合应用

1.促进道德与法治观念的融合

心理学强调道德观念与法治观念的内在联系。通过心理学的研究和应用，教育者可以更好地促进二者的融合，使学生不仅具备高尚的道德品质，还能够自觉遵守法律法规。

2.提升道德教育和法治教育的实效性

心理学为道德教育和法治教育提供了科学的方法和策略。通过应用心理学原理和技术，教育者可以更加精准地把握学生的心理状态和需求，从而制定更具针对性的教育方案，提升道德教育和法治教育的实效性。

综上所述，心理学为道德教育和法治教育提供了坚实的心理学依据。通过深入研究和应用心理学原理和技术，教育者可以更加有效地开展道德教育和法治教育，为学生的全面发展奠定坚实的基础。

四、社会学理论

社会学理论关注社会结构、社会互动和社会变迁对个体行为的影响。在道德与法治教育中，社会学理论有助于教育者理解社会因素对个体道德观念和法治意识形成的作用，从而采取针对性的教育措施。例如，社会控制理论认为社会通过正式和非正式的控制手段来维持社会秩序，这要求教育者既要重视法律法规的正式控制作用，也要关注道德规范的非正式控制作用。在构建与实施道德与法治融合教育模式的过程中，社会学理论提供了重要的理论支撑。以下是一些关键的社会学理论及其如何支持道德与法治融合教育的构建与实施：

(一) 社会学理论概述

社会学理论是研究社会结构、社会互动、社会关系及其发展规律的学科体系。在道德与法治融合教育中，社会学理论有助于我们理解个体与社会、道德与法律之间的相互关系，从而指导教育模式的构建与实施。

(二) 主要社会学理论支撑

1. 社会学习理论

概述：社会学习理论强调个体通过观察、模仿和强化来学习社会行为。这一理论由班杜拉（Albert Bandura）等人提出，认为人的行为不仅受直接经验的影响，还受间接经验（如观察他人的行为）的影响。

支撑作用：在道德与法治融合教育中，社会学习理论支持通过榜样示范、角色扮演、情境模拟等方式，让学生在观察和体验中学习道德规范和法律知识。这种体验式学习有助于学生将道德认知转化为道德行为，将法律知识内化为法治素养。

2. 社会互动理论

概述：社会互动理论关注个体之间如何通过符号、语言、行为等方式进行互动，以及这种互动如何影响个体的社会认知和行为。

支撑作用：在道德与法治融合教育中，社会互动理论支持通过小组讨论、合作学习、辩论等方式，促进学生之间的交流与互动。这种互动有助于学生从不同角度理解道德和法律问题，培养他们的批判性思维、同理心和沟通能力。

3. 社会结构理论

概述：社会结构理论强调社会结构（如家庭、学校、社区等）对个体行为的影响。不同社会结构中的规则、规范和文化传统都会影响个体的道德观念和法治意识。

支撑作用：在道德与法治融合教育中，社会结构理论支持通过构建良好的家庭、学校和社会环境，营造积极向上的道德和法治氛围。这种环境有助于学生形成正确的道德观念和法治意识，促进他们的全面发展。

4.社会认同理论

概述：社会认同理论认为，个体会通过将自己归类于某个社会群体来获得自我认同和群体归属感。这种归属感会影响个体的行为和价值观。

支撑作用：在道德与法治融合教育中，社会认同理论支持通过培养学生的集体观念和团队精神，增强他们对道德和法治的认同感。当学生将自己视为遵守道德和法律的一员时，他们更有可能表现出积极的道德行为和法治素养。

（三）构建与实施策略

基于上述社会学理论支撑，构建与实施道德与法治融合教育模式可以采取以下策略：

1.创设体验式教学情境

利用社会学习理论，创设贴近学生生活的道德和法律情境，让学生在体验中学习道德规范和法律知识。

2.促进互动交流

通过小组讨论、合作学习等方式，鼓励学生之间的交流与互动，培养他们的批判性思维、同理心和沟通能力。

3.构建良好教育环境

重视家庭、学校和社会环境对学生道德和法治观念的影响，努力营造积极向上的道德和法治氛围。

4.强化社会认同

通过集体活动、志愿服务等方式，培养学生的集体观念和团队精神，增强他们对道德和法治的认同感。

综上所述,社会学理论为道德与法治融合教育模式的构建与实施提供了重要的理论支撑。通过运用这些理论,我们可以更好地理解和指导学生的道德和法治教育实践,促进学生的全面发展。

五、法治教育理论

法治理论是道德与法治教育不可或缺的理论基础。它强调法律在国家治理和社会生活中的权威地位,要求个体尊重法律、遵守法律。在道德与法治教育中,法治理论有助于培养学生的法治意识,让他们明白法律对个人和社会的重要性,学会用法律手段维护自己的权益。法治教育理论是道德与法治教育体系中的重要组成部分,旨在培养学生的法治观念、法律意识和法律素养。

(一)法治教育的重要性

法治教育在现代社会中具有重要意义。它是培养学生成为遵纪守法公民的重要途径,有助于维护社会秩序、促进社会和谐稳定。通过法治教育,学生能够了解法律的基本原则、程序和规定,增强法律意识和法律素养,从而在日常生活和未来的职业生涯中能够自觉遵守法律,维护自身权益和社会公共利益。

(二)法治教育的内容

法治教育的内容丰富多样,主要包括以下几个方面:

1. 宪法教育

宪法是国家的根本大法，具有最高的法律效力。通过宪法教育，学生能够了解国家的基本制度、公民的基本权利和义务等宪法知识，树立宪法至上的观念。

2. 法律制度教育

法律制度包括民事法律、刑事法律、行政法律等各个领域的法律制度。学生需要了解这些法律制度的基本框架、主要内容和适用范围，以便在日常生活中能够正确运用法律维护自身权益。

3. 法律程序教育

法律程序是保障法律公正实施的重要环节。学生需要了解立案、侦查、起诉、审判等法律程序的基本流程和要求，以便在需要时能够依法维护自身权益。

4. 权利与义务教育

权利与义务是法律关系中的核心要素。学生需要了解自身享有的各项权利以及应承担的义务，学会在法律框架内行使权利和履行义务。

5. 法律在生活中的应用

法治教育不仅仅是理论学习，更重要的是将法律知识应用于实际生活。学生需要了解法律在日常生活、学习、工作中的具体应用案例，以便更好地理解和运用法律知识。

（三）法治教育的方法

为了有效实施法治教育，可以采用以下多种教学方法和手段：

1.课堂教学

通过系统的课堂教学，向学生传授法律知识，帮助学生建立法律框架和思维。

2.案例分析

选取具有代表性的法律案例，引导学生进行分析和讨论，培养学生的法律思维和判断能力。

3.模拟法庭

组织学生进行模拟法庭活动，让学生在实践中体验法律程序和法律文书的撰写过程，加深对法律知识的理解和掌握。

4.法律辩论

开展法律辩论赛等活动，激发学生的兴趣和参与热情，提高他们的语言表达和逻辑思维能力。

5.社会实践

鼓励学生参与社会实践活动，如法律宣传、法律援助等，让学生在实践中感受法律的力量和价值。

（四）法治教育的目标

法治教育的目标是培养具有法律意识和法律素养的公民，具体而言包括以下几个方面：

1.树立法治观念

使学生认识到法律是社会秩序的保障和公平正义的体现，树立尊重法律、遵守法律的意识。

2. 增强法律意识

提高学生的法律敏感性和自我保护能力，能够在遇到法律问题时及时寻求法律帮助并依法维护自身权益。

3. 培养法律素养

使学生具备基本的法律知识和法律技能，能够在日常生活和工作中自觉遵守法律并正确运用法律维护自身权益和社会公共利益。

4. 促进全面发展

法治教育不仅关注学生的法律素养提升，还注重培养学生的综合素质和创新能力，为学生的全面发展奠定坚实基础。

综上所述，法治教育理论是道德与法治教育体系中的重要组成部分，它旨在通过丰富多样的内容和灵活多样的教学方法和手段，培养学生的法治观念、法律意识和法律素养，为构建法治社会贡献力量。

六、道德教育理论

在构建与实施道德与法治融合教育模式的过程中，道德教育理论提供了坚实的理论基础和重要的实践指导。

（一）道德教育理论概述

道德教育理论旨在探讨如何有效培养和提升个体的道德品质，包括道德认知、道德情感和道德行为等方面。这些理论不仅关注个体内在的道德发展，还强调外部环境和教育手段对道德成长的影响。

（二）主要道德教育理论支撑

1. 认知发展理论

核心观点：由皮亚杰和科尔伯格（Lawrence Kohlberg）等人提出，认为个体的道德认知是随着年龄和经验的增长而逐渐发展的。科尔伯格的道德发展阶段论尤为著名，他提出了道德判断的三个阶段和六个水平，强调个体从自我中心到关注他人和社会公正的道德发展路径。

支撑作用：在道德与法治融合教育中，认知发展理论支持通过引导学生参与道德讨论、案例分析等活动，促进他们的道德认知发展。这些活动有助于学生深入理解道德原则和规范，提高道德判断能力。

2. 价值澄清理论

核心观点：由拉思斯（Louis Raths）等人提出，认为道德教育不应仅仅灌输特定的道德价值观，而应帮助学生澄清自己的价值观，形成自己的道德判断。该理论强调通过一系列价值澄清过程，引导学生思考自己的价值观，并学会如何在复杂情境中做出道德选择。

支撑作用：在道德与法治融合教育中，价值澄清理论支持通过小组讨论、角色扮演等方式，引导学生思考自己的道德观念和价值观。这种自我反思和澄清的过程有助于学生形成更加明确和坚定的道德信念，指导他们的道德行为。

3. 关怀伦理理论

核心观点：由吉利根（Carol Gilligan）等人提出，强调关怀和关系在道德教育中的重要性。与正义伦理强调权利和责任不同，关怀伦理更关注个体之间的情感联系和相互支持。该理论认为，道德教育应培养学生的关怀能力和同理心，使他们能够更好地理解和回应他人的需求。

支撑作用：在道德与法治融合教育中，关怀伦理理论支持通过情感教育、同理心培养等方式，增强学生的关怀意识和责任感。这种教育有助于学生形成更加积极、温暖的人际关系，促进社会的和谐与稳定。

4.社会学习理论

核心观点（已在社会学理论部分提及，但在此处同样适用）：由班杜拉等人提出，认为个体的道德行为是通过观察、模仿和强化等社会学习过程而形成的。该理论强调榜样示范和环境因素对道德行为的影响。

支撑作用：在道德与法治融合教育中，社会学习理论同样支持通过榜样示范、情境模拟等方式，让学生在观察和体验中学习道德规范和法律知识。这种体验式学习有助于学生将道德认知转化为道德行为，形成稳定的道德习惯。

（三）构建与实施策略

基于上述道德教育理论基础，构建与实施道德与法治融合教育模式可以采取以下策略：

1.促进道德认知发展

通过道德讨论、案例分析等活动，引导学生深入思考道德原则和规范，提高道德判断能力。

2.鼓励价值澄清

利用小组讨论、自我反思等方式，帮助学生澄清自己的价值观，形成自己的道德判断。

3.培养关怀伦理

通过情感教育、同理心培养等方式，增强学生的关怀意识和责任感，促进积极人际关系的形成。

4.强化社会学习

利用榜样示范、情境模拟等手段，让学生在观察和体验中学习道德规范和法律知识，将道德认知转化为道德行为。

道德教育理论为道德与法治融合教育模式的构建与实施提供了坚实的理论基础和重要的实践指导。通过运用这些理论，我们可以更加全面和深入地理解和指导学生的道德成长过程，促进他们的全面发展。

通过以上认识可知，道德与法治教育的理论基础是多元且丰富的，它涵盖了马克思主义德育思想、教育学理论、心理学理论、社会学理论和法治理论等多个方面。这些理论相互支撑、相互补充，共同构成了道德与法治教育的坚实基石。在实际教育中，教育者应根据具体情况灵活运用这些理论，以提升教育的针对性和实效性。

第二节　融合教育模式的理论支撑

融合教育模式的理论支撑主要源于多个学科领域的理论成果与教育理念，这些理论共同构成了融合教育模式的坚实基石。融合教育模式的理论支撑可以归纳为以下六个方面。

一、全人教育理念

历史背景：全人教育起源于20世纪70年代的北美，旨在推动人的整体发展，是一场全球性的教育改革运动。

核心理念：强调人的全面发展，关注个体的知识、技能、情感态度、价值观等多方面的培养。

在融合教育中的应用：融合教育致力于让特殊需求学生与普通学生共同接受教育，促进所有学生的全面发展，这正体现了全人教育理念的核心要求。

二、特殊教育理论

历史背景：融合教育起源于20世纪90年代的国际特殊教育领域，是

"回归主流"教育理念的延续和深化。

核心理念：尽可能将特殊儿童与普通儿童安置在一起，为特殊儿童创造正常的学习和生活环境，实现他们的全面融合。

在融合教育中的应用：融合教育通过特殊需求学生与普通学生的共同学习，促进特殊需求学生的社会融合和学业发展，同时提升普通学生的包容性和同理心。

三、教育学理论

跨学科整合教学：强调不同学科之间的有机联系和相互渗透，为道德与法治教育的有机融合提供了理论基础。

在融合教育中的应用：融合教育不仅关注学科知识的整合，还注重教学方法、评价体系的跨学科融合，以实现教育的全面性和有效性。

四、心理学理论

认知发展理论：皮亚杰等心理学家的理论强调个体在认知过程中的主动性和建构性，这有助于理解学生在融合教育中的心理过程。

社会学习理论：班杜拉的社会学习理论指出，个体通过观察、模仿和强化等方式习得社会行为，这为融合教育中的学生互动和榜样作用提供了心理学依据。

五、社会学理论

社会互动理论：关注社会成员之间的相互作用和影响，为理解融合教育中的学生互动、师生关系、家校合作等提供了社会学视角。

社会支持理论：强调社会支持网络对个体成长和发展的重要性，融合教育通过构建包容、互助的学习环境，为学生提供全面的社会支持。

六、法治理论与人权理论

法治理论：强调法律的权威性和普遍适用性，为融合教育中的规则制定、权益保障提供了法律基础。

人权理论：认为每个人都享有平等的教育权和发展权，融合教育正是基于这一理念，致力于为所有学生提供平等的学习机会和条件。

综上所述，道德与法治融合教育模式的构建与实施涉及的融合教育模式的理论支撑是多元化的。这些理论支撑为融合教育模式的构建与实施提供了坚实的理论基础和方法论指导，有助于提升教育的整体效果和质量。

第三节 文献综述

在当今社会，随着全球化的加速和信息技术的飞速发展，青少年面临着日益复杂多变的社会环境和价值观念挑战。道德与法治作为社会秩序和个人行为的重要规范，其教育意义愈发凸显。然而，传统的道德教育与法治教育往往被分开进行，缺乏有效的融合与协同，导致学生在面对实际问题时难以综合运用道德准则和法律知识作出正确判断。

近年来，越来越多的学者和教育实践者开始关注道德与法治融合教育模式的研究与探索，旨在通过整合道德教育与法治教育的内容、方法和资源，培养学生的综合素养，提升其道德判断力和法治意识。这一教育模式的构建与实施，不仅对于促进学生全面发展具有重要意义，也是适应现代社会对人才需求的必然要求。

本节旨在通过对相关文献的综述，梳理道德与法治融合教育模式的研究现状、主要观点、存在问题及改进建议，为构建更加科学、合理、有效的融合教育模式提供理论支撑和实践指导。通过深入分析现有研究成果，我们可以更好地把握该领域的发展脉络和前沿动态，为未来的研究和实践指明方向。

在接下来的文献综述中，笔者将从国内外研究现状、主要观点与研究成果、存在问题与改进建议等方面展开论述，以期为读者呈现一个全面而深入的道德与法治融合教育模式研究图景。

一、国内外研究现状

(一) 国内研究现状

国内学者在道德与法治融合教育模式方面的理论研究和实践探索取得了显著成果,这些研究不仅深化了我们对道德与法治教育融合的理解,也为实际教学提供了有力支持。

1.理论研究

(1) 教育整合理论的应用

教育整合理论强调教育内容的整体性、系统性和协同性,为道德与法治融合教育模式的构建提供了重要的理论基础。国内学者运用教育整合理论,探讨如何将道德与法治教育内容进行有机融合,避免单一学科的孤立教学。他们强调,道德与法治教育不是简单的加法,而是需要深入挖掘二者之间的内在联系,实现教育目标的统一和教育效果的倍增。

(2) 跨学科融合教学理论的探索

跨学科融合教学理论鼓励打破学科壁垒,促进不同学科之间的交叉融合。在道德与法治融合教育模式的研究中,跨学科融合教学理论得到了广泛应用。国内学者尝试将道德与法治教育与心理学、社会学、法学等相关学科相结合,通过跨学科的视角和方法,丰富教学内容,拓宽教学思路,提高教学效果。

2.实践探索

(1) 具体教学模式的构建

国内学者在道德与法治融合教育模式的构建上进行了积极探索,形成了多种具体的教学模式。例如,一些学校通过整合"思想道德修养与法律基础"课程,实现道德教育与法治教育的有机融合;同时,还探索了项目式学习、案例教学等新型教学模式,让学生在实践中学习和掌握道德与法治知识。

(2) 教学方法的创新

为了提高道德与法治融合教育的效果，国内学者不断创新教学方法。他们强调以学生为中心，采用启发式、讨论式、探究式等教学方法，激发学生的学习兴趣和主动性。同时，还注重运用现代信息技术手段，如多媒体教学、网络教学等，丰富教学手段，提高教学效果。

(3) 评估机制的完善

在评估机制方面，国内学者也进行了积极探索。他们认识到传统的考试评价方式难以全面反映学生的道德与法治素养水平，因此提出构建多元化的评估体系。该体系包括学生自评、互评、教师评价等多个方面，既关注学生的学习成果，也关注学生的学习过程和态度。此外，还注重将评估结果反馈给学生和教师，以便及时调整教学策略和方法。

3.研究成果

国内学者在道德与法治融合教育模式方面的理论研究和实践探索取得了丰硕成果。这些成果不仅丰富了我国思想政治教育理论体系，也为实际教学提供了有力支持。同时，还为我国教育改革和发展提供了有益的借鉴和启示。未来，随着研究的深入和实践的推进，我们有理由相信道德与法治融合教育模式将在我国教育领域发挥更加重要的作用。

道德与法治融合教育模式的具体案例分析与实证研究，可以从多个维度进行探讨。以下是一些典型的案例分析，这些案例不仅展示了道德与法治教育的有效融合方式，还通过实证研究验证了其教育效果。

※ 【案例一】

跨学科融合教学案例："美好集体有我在"

一、案例背景

在初中道德与法治课程中，"美好集体有我在"是一个旨在引导学生认识到自己在集体中的价值和作用的重要章节。为了增强教学效果，一些学校采用了跨学科融合教学的方式。

二、案例实施

导入环节：教师利用美术图片，如《民族大团结》的浮雕和中国画，让学生从视觉角度感受集体的力量和团结的重要性。同时，结合历史学科中的集体愿景案例，引导学生思考集体愿景的内涵和作用。

概念解释与讨论：教师引入生物学中的相互依赖关系概念，帮助学生理解个人与集体之间的紧密联系。通过小组讨论，学生分享个人与集体共成长的体验和想法，深化对集体重要性的认识。

实践活动：组织团队拓展训练，如搭建人墙、绳索挑战等，让学生在实践中体验团队合作的重要性，锻炼沟通、协调和领导能力。

三、案例效果

通过跨学科融合教学，学生不仅加深了对道德与法治课程内容的理解，还提高了团队合作、沟通和解决问题的能力。实证研究表明，这种教学方式显著提升了学生的学习兴趣和参与度，促进了学生全面发展。

※【案例二】

传统文化与法治教育融合

一、案例背景

为了增强法治教育的文化根基和亲和力，一些学校尝试将传统文化与法治教育相结合。

二、案例实施

搭建"法治大舞台"：通过政府购买文化服务的方式，将法治元素融入传统戏曲和地方特色曲艺中。编排与老百姓生活密切相关的法治节目，进行巡回演出。

法治文化进校园：在校园内开展法治讲座、法治知识竞赛、法治情景剧表演等活动，将法治教育与传统文化教育紧密结合。

三、案例效果

传统文化与法治教育的融合，使法治教育更加贴近学生生活，增强了法治教育的吸引力和感染力。学生在欣赏传统艺术的同时，潜移默化地接受了法治教育，提高了法治意识和法律素养。

※【案例三】

道德与法治与多学科融合

一、案例背景

在新课标视域下，多学科融合成为提高教学效果的重要途径。道德与法治课程与其他学科的融合，有助于拓宽学生视野，提升综合素养。

二、案例实施

与数学的融合：在数学课上介绍中国古代计时工具、算筹记数等，引导学生思考时间观念、历史意识等与道德与法治课程内容的联系。

与语文的融合：在语文课中引入古诗文等素材，通过文学作品的赏析，引导学生汲取道德滋养，提升人文素养和道德感知能力。

与社会实践的结合：组织学生参与社区服务、法治宣传等社会实践活动，让学生在实践中体验道德与法治的重要性，增强社会责任感和法治意识。

三、案例效果

多学科融合的教学模式打破了学科壁垒，实现了知识的交叉渗透和综合运用。学生在不同学科的学习中都能感受到道德与法治的气息，从而更加全面地理解和践行道德与法治理念。实证研究表明，这种教学方式有助于提升学生的综合素养和社会实践能力。

综上所述，道德与法治融合教育模式的具体案例分析与实证研究展示了多种有效的融合方式和教育效果。这些案例不仅丰富了教学手段和内容，还促进了学生的全面发展和法治素养的提升。

（二）国外研究现状

国际上关于道德与法治融合教育模式的研究进展，主要体现在以下几个方面：

1.理论与实践框架的构建

国际上，许多学者和教育实践者致力于构建道德与法治融合教育的理论与实践框架。他们认识到，单纯分离的道德教育和法治教育难以全面培养学生的综合素养，因此倡导将二者有机融合，形成一个系统的教育模式。这种模式强调道德准则与法律知识的相互支撑和补充，旨在培养学生的道德判断力和法治意识。

2.跨学科融合的探索

跨学科融合是国际上道德与法治融合教育模式研究的重要趋势。学者们尝试将道德与法治教育与其他学科如社会学、心理学、历史学等进行融合，通过跨学科的视角和方法，丰富教学内容，拓宽教学思路。这种融合不仅有助于深化学生对道德与法治的理解，还能提升他们的综合素养和跨学科应用能力。

3.教学方法与评估机制的创新

为了更有效地实施道德与法治融合教育模式，国际上涌现了许多创新的教学方法和评估机制。例如，项目式学习、案例分析、角色扮演等教学方法被广泛应用于道德与法治融合教育中。这些方法强调学生的主动参与和实践体验，有助于激发学生的学习兴趣和积极性。同时，多元化的评估机制也被引入该领域，包括学生自评、互评、教师评价等多种方式，以全面、客观地评价学生的学习成果和综合素养。

4.实证研究与国际合作

实证研究是国际上道德与法治融合教育模式研究的重要方法。学者们通过设计实验、收集数据、分析结果等步骤，验证不同教学模式和方法的有效性和适用性。此外，国际合作也成为该领域研究的重要趋势。各国学者通过共同研究、交流思想、分享经验等方式，推动道德与法治融合教育模式在全球范围内的推广和应用。

5.具体案例与成功经验

国际上还涌现了许多成功的道德与法治融合教育案例。这些案例涵盖了不同国家和地区、不同年龄段的学生群体，以及不同学科领域的融合尝试。

国际上关于道德与法治融合教育的案例分析，可以从多个维度和具体实践出发。以下是一个基于国际视角的案例概述：

※【案例】

芬兰的"现象教学"与道德与法治融合教育

一、背景介绍

芬兰教育以其高质量和创新性而闻名于世。在芬兰的教育体系中，"现象教学"（Phenomenon-Based Learning，PBL）是一种重要的教学方法，强调围绕学生感兴趣的现象或主题组织跨学科的学习活动。这种教学方法为道德与法治融合教育提供了肥沃的土壤。

二、融合策略

跨学科整合：芬兰的"现象教学"鼓励教师打破学科界限，围绕特定现象或主题整合不同学科的知识和技能。在道德与法治融合教育中，教师可以将法律原则、道德准则、社会规范等内容融入历史学、社会学、心理学等相关学科的教学。

情境模拟与角色扮演：芬兰教育注重实践和应用，通过情境模拟和角色扮演等方式让学生在模拟的真实场景中体验道德冲突和法律问题。这种教学方法有助于学生深入理解道德与法治的内涵和外延，并学会如何在实际生活中运用相关知识。

价值观引导与反思：在"现象教学"过程中，芬兰教师注重引导学生思考价值观问题，鼓励学生反思自己的行为选择是否符合道德和法律标准。通过持续的价值观引导和反思，学生逐渐形成稳定的道德观念和法治意识。

三、具体实施

以用"公民权利与义务"为主题的现象教学为例：

确定主题与目标：教师首先确定"公民权利与义务"为主题，明确教学目标为让学生了解公民的基本权利与义务，理解自身在社会中的角色和责任。

跨学科整合课程设计：整合历史学、社会学、法学等相关学科的内容，设计一系列跨学科的学习活动。例如，通过历史案例了解公民权利与义务的发展历程；通过社会学视角分析不同社会群体对公民权利与义务的认知差异；通过法律条文学习具体权利与义务的规定。

情境模拟与角色扮演：组织学生进行情境模拟活动，如模拟法庭辩论、公民投票等。在模拟过程中，学生分别扮演法官、律师、选民等角色，围绕特定议题展开辩论和投票。通过角色扮演，学生亲身体验公民权利与义务的行使和保障过程。

价值观引导与反思：在活动结束后，教师引导学生对活动过程中的行为选择进行反思和讨论。通过提问、引导等方式帮助学生认识到自己的价值观倾向，并鼓励他们思考如何在实际生活中践行公民责任、维护自身权利。

四、效果评估与反思

芬兰的"现象教学"与道德与法治融合教育模式取得了显著成效。学生不仅在知识掌握上表现出色，更重要的是在道德观念、法治意识、社会责任感等方面得到了全面提升。然而，该模式也面临一些挑战，如对教师跨学科整合能力的要求较高、学生自主学习能力的差异等。因此，在实施过程中需要不断总结经验教训，持续优化教学策略和方法。

芬兰的"现象教学"与道德与法治融合教育案例为国际教育界提供了宝贵的经验和启示。通过跨学科整合、情境模拟与角色扮演和价值观引导与反思等方式，可以有效地促进学生道德与法治素养的全面提升。

国际上关于道德与法治融合教育模式的研究进展体现在理论与实践框架的构建、跨学科融合的探索、教学方法与评估机制的创新、实证研究与国际合作和具体案例与成功经验等多个方面。这些研究不仅推动了道德与法治融合教育模式的深入发展，也为全球教育领域的改革和创新提供了有力的支持。

（三）国内外研究现状对比

1.国外研究现状

国外，尤其是发达国家，在道德与法治融合教育方面起步较早，形成了较为成熟的理论体系和实践模式。这些国家往往注重跨学科融合，将道德与法治教育融入日常教学和社会实践，强调学生的主动参与和体验学习。例如，美国通过"法中有道德"和"德中有法"的方式，将道德原则融入法律体系，同时又将法律作为道德教育的保障；德国则通过伦理学、教育学等多学科的融合，以及依法治校的理念，推动道德与法治教育的深入实施。

2.国内研究现状

近年来，我国在道德与法治融合教育方面也取得了显著进展。随着新课程改革的深入，道德与法治课程逐渐成为中小学教育的重要组成部分。国内学者和教育实践者积极探索跨学科融合教学、情境教学、案例教学等多种教学方法，旨在提高学生的道德素质和法治意识。然而，与发达国家相比，我国在理论与实践的结合上还存在一定差距，特别是在教育资源的整合、教师队伍的建设，以及教育评估机制的创新等方面仍有待加强。

3.我国在构建与实施方面的优势与不足

（1）优势

政策支持力度大：国家高度重视道德与法治教育，出台了一系列政策措施推动其融合发展。

课程体系不断完善：中小学道德与法治课程内容不断丰富和完善，更加贴近学生实际和社会需求。

教学方法创新多样：教师积极探索跨学科融合教学、情境教学等新型教学方法，激发学生学习兴趣。

（2）不足

教育资源整合不足：不同地区、不同学校之间教育资源分配不均，影响了道德与法治融合教育的整体效果。

教师队伍素质参差不齐：部分教师缺乏跨学科知识和实践经验，难以有效实施融合教育。

教育评估机制不健全：当前的教育评估机制过于注重考试成绩，忽视了学生的综合素质和实践能力。

4.借鉴国外先进经验，提出改进建议

（1）加强教育资源的整合与共享

建立健全教育资源共享机制，促进不同地区、不同学校之间教育资源的优化配置和共享利用。

鼓励社会力量参与对教育资源的开发和利用，拓宽教育资源来源渠道。

（2）提升教师队伍素质与能力

加强师德师风建设，提高教师的职业道德素养和法治意识。

鼓励教师参加跨学科培训和学习交流活动，提升教师的跨学科知识和实践能力。

引进和培养具有国际视野和创新能力的教育人才，为道德与法治融合教育注入新活力。

（3）完善教育评估机制

建立健全多元化的教育评估体系，注重学生的综合素质和实践能力评价。

引入第三方评估机构进行客观公正的评价监督，确保教育评估结果的准确性和公信力。

鼓励学校开展自我评价和反思活动，及时发现和解决教育教学中存在的问题和不足。

（4）推动跨学科融合与情境教学的深入实施

鼓励教师打破学科界限，围绕学生生活实际和社会热点问题开展跨学科融合教学。

创设真实或模拟的情境环境，让学生在情境中体验道德冲突和法律问题，培养其分析问题和解决问题的能力。

加强学校与家庭、社区的合作与交流，共同营造有利于道德与法治融合教育的良好氛围。

通过以上措施的实施，我们可以进一步推动我国道德与法治融合教育模式的构建与实施水平的提升，为培养德智体美劳全面发展的社会主义建设者和接班人奠定坚实基础。

二、主要观点与研究成果

通过梳理文献我们发现，学者普遍认为融合教育模式对于促进学生全面素养提升和社会适应能力增强具有重要作用，且融合教育模式的构建策略是一个系统工程，需要从教育目标设定、教育内容整合、教学方法创新、教育资源优化等多个方面入手。此外，他们在融合教育模式的实施效果和评估机制方面也取得了一系列研究成果。

（一）融合教育模式对于促进学生全面素养提升和增强学生社会适应能力具有重要作用

1.促进学生全面素养提升

（1）道德素质与法律意识的同步发展

道德与法治的融合教育模式强调二者不可分割的关系，通过共同教学使学生既具备高尚的道德情操，又树立牢固的法治观念。道德是行为的内在约束，而法治则是外在的保障。二者的融合教育使学生在面对道德抉择时，能够自觉遵循社会公德，同时在法律框架下理性行事，从而全面提升个人素养。

（2）跨学科知识的综合应用

道德与法治的融合教育鼓励学生跨越学科界限，将法律知识、道德原则与现实生活、社会实践相结合。这种跨学科的学习方式不仅丰富了学生的学习内容，还培养了他们的综合应用能力。学生能够在复杂多变的社会环境中，灵活运用所学知识解决问题，展现出更高的综合素养。

（3）价值观与世界观的正确塑造

青少年时期是价值观与世界观形成的关键时期。道德与法治的融合教育通过正面引导和反面警示相结合的方式，帮助学生树立正确的价值观与世界观。他们能够在学习中认识到诚信、公正、尊重等核心价值的重要性，并学会在法治社会中维护自身权益、履行公民义务。

2.增强学生社会适应能力

（1）增强法律意识和自我保护能力

在法治社会中，了解法律、遵守法律是每个公民的基本素养。道德与法治的融合教育使学生从小就具备基本的法律意识，懂得如何运用法律武器维护自己的合法权益。这种自我保护能力的增强，有助于学生在未来社会中更好地适应各种挑战和困难。

（2）培养社会责任感和公民意识

通过道德与法治的融合教育，学生能够深刻理解自己在社会中的角色和责任。他们学会关心他人、尊重他人、服务社会，从而培养出强烈的社会责任感和公民意识。这种责任感和意识将激励他们在未来社会中积极投身公益事业、参与社会治理。

(3) 增进人际交往与团队协作能力

道德与法治的融合教育还注重培养学生的人际交往和团队协作能力。在团队合作中，学生需要遵循共同的规则和价值观，学会沟通、协调和妥协。这种能力的培养将使他们在未来社会中更加容易融入集体、与人合作，共同完成任务和目标。

综上所述，道德与法治融合教育模式的必要性在于其能够促进学生全面素养的提升和社会适应能力的增强。通过这种模式的教育，学生将成长为既有高尚道德情操又有坚定法治观念的新时代公民，为社会的和谐稳定和持续发展贡献自己的力量。

（二）融合教育模式的构建策略是一个系统工程

融合教育模式的构建策略是一个系统工程，需要综合考虑教育目标设定、教育内容整合、教学方法创新、教育资源优化等多个方面。

1.教育目标设定

策略概述：教育目标的设定是融合教育模式构建的基础。在道德与法治融合教育中，教育目标应明确指向学生道德素质、法治观念、社会适应能力及全面素养的提升。这要求教育目标既具有全面性，又具备针对性，能够引导学生全面发展。

科学性与可行性分析：科学性方面，教育目标的设定需基于学生身心发展规律和社会发展需求，确保目标的合理性和前瞻性。可行性方面，教育目标应具体、可操作，便于教师在实际教学中落实。通过明确的教育目标，可以指导整个融合教育过程，确保教育效果。

2.教育内容整合

策略概述：教育内容的整合是融合教育模式构建的关键。在道德与法治融合教育中，需要将道德原则、法律知识与其他学科知识有机融合，形成一个相互支撑、相互促进的知识体系。这要求教育者具备跨学科视野，能够灵活运用各种教育资源，设计富有创意的教学内容。

科学性与可行性分析：科学性方面，教育内容的整合应遵循知识内在逻辑和学生认知规律，确保内容的连贯性和系统性。可行性方面，教育内容的整合需考虑实际教学条件和学生接受能力，确保内容既具有挑战性又具备可实施性。通过教育内容的整合，可以打破学科壁垒，促进学生综合素质的提升。

3.教学方法创新

策略概述：教学方法的创新是融合教育模式构建的活力源泉。在道德与法治融合教育中，需要采用多样化的教学方法，如情境教学、案例教学、项目式学习等，以激发学生的学习兴趣和积极性。同时，还应注重学生的主体地位，鼓励他们主动参与学习过程，通过实践探索提升自我。

科学性与可行性分析：科学性方面，教学方法的创新应符合教育教学规律和学生认知特点，确保方法的有效性和适用性。可行性方面，教学方法的创新需考虑实际教学环境和资源条件，确保方法能够在实践中得到有效实施。通过教学方法的创新，可以提高教学质量和效率，促进学生全面发展。

4.教育资源优化

策略概述：教育资源的优化是融合教育模式构建的重要保障。在道德与法治融合教育中，需要合理配置教育资源，包括师资力量、教学设施、教材资料等。同时，还应注重教育资源的共享和开放，促进教育公平和质量的提升。

科学性与可行性分析：科学性方面，教育资源的优化需基于教育需求和资源现状，确保资源的合理配置和有效利用。可行性方面，教育资源的优化需考虑经济成本和社会效益的平衡，确保优化措施既具有可操作性又具备可持续性。通过教育资源的优化，可以为融合教育模式的实施提供有力支持，确保教育效果的最大化。

构建融合教育模式需要从教育目标设定、教育内容整合、教学方法创新、教育资源优化等多个方面入手。这些策略的科学性和可行性得到了广泛认可和实践验证。在构建新的融合教育模式时，我们可以借鉴这些策略的思路和方法，结合实际情况进行创新和调整。通过不断探索和实践，我们可以逐步建立起符合时代要求的融合教育模式，为培养全面发展的人才贡献力量。

（三）融合教育模式实施效果与评估机制

1. 实施效果概述

文献中关于道德与法治融合教育模式实施效果的研究成果丰富多样，普遍指出该模式在提升学生道德素质、法治观念及全面素养方面取得了显著成效。具体而言，学生不仅加深了对道德与法治知识的理解，更能在日常生活中自觉践行这些原则，表现出更强的社会责任感、公民意识和良好的行为习惯。此外，融合教育模式还促进了学生的跨学科思维能力和综合应用能力的提升，为他们未来的社会适应和终身发展奠定了坚实基础。

2. 评估方法与指标

为了客观、全面地评估道德与法治融合教育模式的实施效果，学者们提出了多种评估方法和指标。这些方法大致可分为以下几类：

学业成绩评估：通过考试、测验等方式，评估学生对道德与法治知识的掌握程度。虽然这种方法简单易行，但可能过于侧重知识记忆而忽视实际应用能力。

行为观察评估：观察学生在日常学习、生活中的行为表现，评估其道德素质、法治观念及行为习惯。这种方法能够直接反映学生的实际应用能力，但操作难度较大，且易受主观因素影响。

问卷调查与访谈：通过发放问卷或进行深度访谈，收集学生、教师及家长对融合教育模式实施效果的反馈意见。这种方法能够全面了解各方观点，但需确保问卷设计的科学性和访谈的深入性。

项目与作品展示评估：鼓励学生参与与道德与法治相关的项目或创作

作品，如案例分析报告、法治情景剧等，通过展示评估其综合素质和实际应用能力。这种方法能够激发学生的创造性和主动性，但评价标准需明确且客观。

综合素质档案袋评估：建立学生综合素质档案袋，记录学生在融合教育模式下的学习过程、成果展示及自我反思等内容，作为长期跟踪评估的依据。这种方法能够全面反映学生的成长轨迹和综合素质提升情况，但需确保档案袋内容的真实性和完整性。

3.评估机制的优势与不足

（1）优势

全面性：通过多种评估方法和指标的综合运用，能够全面反映融合教育模式的实施效果。

客观性：部分评估方法如学业成绩评估、问卷调查与访谈等，能够收集到较为客观的数据和信息。

指导性：评估结果可以为教育决策者提供改进和优化融合教育模式的依据和方向。

（2）不足

主观性风险：部分评估方法如行为观察评估易受主观因素影响，可能导致评估结果的不准确。

操作难度：某些评估方法如综合素质档案袋评估操作难度较大，需要投入大量人力物力。

滞后性：评估结果往往是在教育过程结束后才得出，难以实时指导教育过程的调整和优化。

4.构建科学合理的评估体系

为了构建科学合理的评估体系，我们需要综合考虑以上各种评估方法和指标的优势与不足，采取以下措施：

多元化评估：结合多种评估方法和指标，形成多元化的评估体系，以全面反映融合教育模式的实施效果。

标准化操作：制定详细的评估标准和操作指南，确保评估过程的规范性和一致性。

实时反馈：利用现代信息技术手段建立实时反馈机制，及时收集和分析评估数据，为教育过程的调整和优化提供实时指导。

持续改进：建立评估结果的跟踪与反馈机制，定期对评估体系进行审查和修订，确保其科学性和适用性。

通过构建科学合理的评估体系，我们可以更准确地了解道德与法治融合教育模式的实施效果，为教育决策者提供有力支持，推动融合教育模式的不断完善和发展。

三、存在问题与改进建议

对道德与法治融合教育模式的构建与实施的探索，尽管取得了显著成效，但仍在文献中广泛提及了一系列亟待解决的问题，如教育资源分配不均、教师素质参差不齐、学生参与度不高、教学内容与方法创新不足和评估机制不完善等。针对这些问题，我们需要采取切实有效的措施加以解决，以推动融合教育模式的不断完善和发展。

（一）存在问题

1.教育资源分配不均

教育资源是支撑融合教育模式运行的基础，然而，当前教育资源分配不均的问题尤为突出。一方面，城乡、区域间教育资源存在明显差异，导致部分地区的学校难以获得足够的道德与法治教育资源，如教材、教学设施等。另一方面，即使在同一地区，不同学校之间的教育资源分配也往往不均衡，影响了融合教育模式的普遍推广和深入实施。

2.教师素质参差不齐

教师是融合教育模式实施的关键，但当前教师素质参差不齐的问题不容忽视。部分教师缺乏跨学科知识和实践教学经验，难以有效整合道德与法治教育资源，导致教学质量不高。同时，部分教师对融合教育模式的理解不够深入，难以在教学中充分体现其理念和要求，影响了教育效果。

3.学生参与度不高

学生是融合教育模式的主体，但当前学生参与度不高的问题较为普遍。一方面，部分学生对道德与法治课程缺乏兴趣，认为其枯燥乏味，难以产生学习动力。另一方面，部分学生在融合教育模式中缺乏主动参与的机会，被动接受知识，导致学习效果不佳。此外，部分学生还可能受到家庭、社会等因素的影响，对融合教育模式产生抵触情绪，进一步降低了参与度。

4.教学内容与方法创新不足

教学内容与方法的创新是融合教育模式持续发展的关键，但当前存在创新不足的问题。部分学校在教学内容上过于依赖传统教材，缺乏与现实生活、社会热点的紧密联系，导致教学内容陈旧、缺乏吸引力。同时，部分学校在教学方法上仍采用传统的灌输式教学，忽视了学生的主体地位和个性差异，难以激发学生的学习兴趣和积极性。

5.评估机制不完善

评估机制是检验融合教育模式实施效果的重要手段，但当前评估机制不完善的问题较为突出。部分学校缺乏科学、全面的评估标准和指标体系，导致评估结果不准确、不客观。同时，部分学校对评估结果的反馈和应用不够重视，未能及时根据评估结果调整和优化教学策略，影响了融合教育模式的持续改进和提升。

（二）改进建议

针对道德与法治融合教育模式在构建与实施过程中存在的问题，改进建议旨在通过加强教育资源投入、提高教师专业素养、创新教学方法和评估机制等方面,促进该模式的持续优化与发展。同时,强调政府、学校、家庭和社会各方面的共同努力和协作,形成合力,共同推动融合教育模式的进步。

1.加强教育资源投入

政府层面:政府应加大对道德与法治融合教育模式的支持力度,增加教育经费投入,特别是在农村和边远地区,要确保教育资源的均衡分配。同时,政府应制定相关政策,鼓励和支持社会力量参与对教育资源的开发和利用,拓宽教育资源来源渠道。

学校层面:学校应合理利用现有教育资源,提高资源利用效率。同时,积极争取政府和社会各界的支持,争取更多的教育资金投入,用于改善教学设施、购买教材资料等。此外,学校还可以开展校际合作,共享教育资源,实现优势互补。

2.提高教师专业素养

加强师资培训:政府和教育部门应定期组织道德与法治教师的专业培训,提高他们的跨学科知识和实践教学能力。培训内容可以包括道德与法治教育的最新理念、教学方法和技巧等,以帮助教师更好地适应融合教育模式的要求。

鼓励教师自我提升:学校应鼓励教师积极参加各种学术交流和研讨活动,拓宽视野,了解最新的教育动态和研究成果。同时,学校可以为教师提供进修机会和学术支持,帮助他们不断提升自己的专业素养和教学能力。

3.创新教学方法

引入多样化教学方法:学校应鼓励教师采用多样化的教学方法,如情境教学、案例教学、项目式学习等,以激发学生的学习兴趣和积极性。这些教学方法可以帮助学生更好地理解道德与法治知识,并将其应用于实际生活中。

利用现代信息技术:学校应充分利用现代信息技术手段,如多媒体教学、网络教学等，丰富教学内容和形式。通过现代信息技术，教师可以更加生动、形象地展示道德与法治知识，提高教学效果。同时，学生也可以通过网络平台进行自主学习和交流，拓宽学习渠道。

4.完善评估机制

建立科学评估体系：政府和教育部门应制定科学、全面的评估标准和指标体系，用于评估道德与法治融合教育模式的实施效果。评估体系应涵盖学生的道德素质、法治观念、全面素养等多个方面，以确保评估结果的准确性和客观性。

强化评估结果应用：学校应重视评估结果的反馈和应用，及时根据评估结果调整和优化教学策略。同时，政府和教育部门也应将评估结果作为制定教育政策和分配教育资源的重要依据，以推动融合教育模式的持续改进和提升。

5.强调各方共同努力和协作

政府、学校、家庭和社会共同参与：政府应发挥主导作用，制定相关政策和规划，为融合教育模式的构建与实施提供支持和保障。学校应积极响应政府号召，认真落实各项教育政策和措施。家庭和社会各界也应积极参与融合教育模式的推广和实践，为学生提供更多的学习机会和资源。

建立协作机制：政府、学校、家庭和社会各界应建立紧密的协作机制，加强沟通和交流。通过定期召开座谈会、研讨会等活动，共同商讨融合教育模式的改进和发展方向，形成合力推动融合教育模式的不断进步。

综上所述，针对道德与法治融合教育模式存在的问题，我们需要从加强教育资源投入、提高教师专业素养、创新教学方法和评估机制等方面入手，同时强调政府、学校、家庭和社会各方面的共同努力和协作。只有这样，我们才能推动融合教育模式的不断完善和发展，为培养具有高尚道德情操、坚实法治观念和全面素养的新时代公民贡献力量。

四、结论与展望

（一）结论

本节综述了关于道德与法治融合教育模式的多篇文献，旨在探讨该模式在促进学生全面素养提升方面的重要作用。通过梳理和分析，我们得出以下主要内容和观点：

1.主要内容概述

融合教育模式的定义与特点：文献普遍指出，道德与法治融合教育模式是一种将道德教育与法治教育有机结合，旨在培养学生高尚道德情操、坚定法治观念和全面素养的教育模式。该模式注重跨学科知识的整合，强调学生在实践中学习和应用道德与法治知识。

实施效果与评估：多篇文献对道德与法治融合教育模式的实施效果进行了评估，普遍认为该模式在提升学生道德素质、法治观念及全面素养方面取得了显著成效。同时，文献也指出了评估过程中存在的问题，如评估标准不统一、评估方法单一等，并提出了改进建议。

存在问题与挑战：尽管道德与法治融合教育模式取得了显著成效，但在构建与实施过程中仍存在一些问题，如教育资源分配不均、教师素质参差不齐、学生参与度不高等。这些问题影响了融合教育模式的普遍推广和深入实施，需要采取有效措施加以解决。

2.观点强调

全面素养提升的重要性：文献普遍强调，道德与法治融合教育模式在促进学生全面素养提升方面具有重要作用。通过该模式的教育，学生不仅能够掌握道德与法治知识，还能够培养跨学科思维能力和综合应用能力，为未来的社会适应和终身发展奠定坚实基础。

融合教育模式的优势：与传统教育模式相比，道德与法治融合教育模式具有明显优势。它注重道德教育与法治教育的有机结合，使学生能够在实践中学习和应用相关知识，从而更好地理解和遵守社会规范，增强社会责任感和公民意识。

未来发展方向：针对存在的问题和挑战，文献提出了未来道德与法治融合教育模式的发展方向，包括加强教育资源投入，提高教师专业素养，创新教学方法和评估机制等。同时，强调政府、学校、家庭和社会各方面的共同努力和协作，形成合力推动融合教育模式的不断进步。

综上所述，道德与法治融合教育模式在促进学生全面素养提升方面具有重要作用。通过加强教育资源投入、提高教师专业素养、创新教学方法和评估机制等方面的努力，我们可以进一步推动该模式的完善与发展，为培养具有高尚道德情操、坚定法治观念和全面素养的新时代公民贡献力量。

（二）展望

随着教育改革的不断深入和社会发展的日新月异，道德与法治融合教育模式将面临新的挑战和机遇。在此背景下，未来的研究应继续聚焦该领域的理论与实践探索，为构建更加科学、合理、有效的融合教育模式贡献力量。

1.深化理论研究

融合教育理念的深化：进一步探讨道德与法治融合教育的核心理念，明确其在培养学生全面素养中的独特价值，为实践提供坚实的理论基础。

跨学科整合机制：深入研究道德与法治与其他学科之间的内在联系和整合机制，探索更有效的跨学科教学方法和策略。

2.强化实践探索

教学模式创新：鼓励一线教师和教育研究者积极探索新的教学模式和方法，如项目式学习、翻转课堂等，以提高学生的学习兴趣和参与度。

案例研究与分享：收集和分析成功的教学案例，提炼可复制、可推广的经验和做法，为其他学校和地区提供借鉴和参考。

3.关注新的挑战与机遇

教育改革动态：紧密跟踪国家教育改革的最新动态和政策导向，及时调整融合教育模式的发展方向和重点。

社会发展变化：深入分析社会发展变化对青少年道德观念和法治意识的影响，为融合教育模式提供更具针对性的教育内容和方法。

技术融合创新：探索现代信息技术与融合教育模式的深度融合，如利用大数据、人工智能等技术手段优化教学过程和评价方式。

4.加强评估与反馈

完善评估体系：建立更加科学、全面、客观的评估体系，对融合教育模式的实施效果进行定期评估和反馈。

注重持续改进：根据评估结果及时调整和优化教学策略和方法，确保融合教育模式能够持续、稳定地提升学生的全面素养。

综上所述，未来道德与法治融合教育模式的研究应继续深化理论探索、强化实践创新、关注新的挑战与机遇，并加强评估与反馈。通过这些努力，我们可以为构建更加科学、合理、有效的融合教育模式贡献力量，为培养具有高尚道德情操、坚实法治观念和全面素养的新时代公民奠定坚实基础。

第二章 道德与法治教育模式的构建

在当今社会，随着教育改革的不断深化和人才培养需求的日益多样化，传统的单一学科教学模式已难以满足学生全面发展的需求。道德与法治作为培养学生道德品质、法治观念和社会责任感的重要学科，其教育模式的创新与发展显得尤为重要。因此，构建一种将道德与法治有机融合的教育模式，成为当前教育改革的重要方向之一。

本章将深入探讨道德与法治融合教育模式的构建问题，旨在揭示该模式的核心理念、基本原则和主要特征，为后续章节的详细论述奠定理论基础。在构建过程中，我们充分考虑到学生的身心发展规律、教育教学的实际需求和社会发展的时代要求，力求打造一种既符合教育规律又具有时代特色的融合教育模式。

本章内容将围绕以下几个核心点展开：首先，明确道德与法治融合教育模式的定义和内涵，阐述其对于培养学生全面素养的重要意义；其次，分析当前道德与法治教育存在的问题和挑战，指出融合教育模式构建的必要性和紧迫性；最后，提出构建道德与法治融合教育模式的基本思路和主要策略，为后续的实践探索提供理论指导和方向引领。

通过本章的阐述，我们期望能够唤起教育工作者对道德与法治融合教育模式的关注和思考，共同探索一条符合学生发展需求、适应时代发展要求的融合教育之路。同时，我们也希望本章的内容能够为后续的研究和实践提供有益的参考和借鉴，共同推动道德与法治教育事业的进步与发展。

第一节　模式概述

在深入探讨道德与法治融合教育模式的构建之前，我们首先需要明确该模式的定义、特点和目标，以便为后续的理论研究和实践探索奠定坚实的基础。

一、道德与法治融合教育模式的内涵和核心要素

（一）内涵

道德与法治融合教育模式是指将道德教育与法治教育有机融合，通过整合二者的教育资源，形成协同发力的教育体系。该模式强调道德教育与法治教育在目标、内容、方法等方面的相互渗透和相互促进，旨在培养学生既具备高尚的道德品质，又具备牢固的法治观念，成为德智体美劳全面发展的社会主义建设者和接班人。

具体而言，道德与法治融合教育模式的内涵包括以下几个方面：

教育目标的统一性：道德与法治融合教育模式将道德教育与法治教育的目标统一起来，共同致力于提升学生的综合素质。道德教育的目标是培养学生的道德品质和社会责任感，而法治教育的目标则是帮助学生树立法治观念，遵守法律法规。二者在目标上具有高度的一致性，共同促进学生的全面发展。

教育内容的整合性：道德与法治融合教育模式强调课程内容的整合性，将道德教育与法治教育的内容有机融合，形成跨学科的教学体系。通过整合二者的教育资源，使学生在学习过程中能够同时接触到道德和法治方面的知识，形成系统的认知体系。

教育方法的互动性：道德与法治融合教育模式注重教育方法的互动性，强调学生在学习过程中的主体地位。通过案例分析、角色扮演、小组讨论等互动式教学方法，激发学生的学习兴趣和主动性，使学生在参与过程中深入理解道德与法治的内在联系和实际应用。

教育评价的多元化：道德与法治融合教育模式倡导多元化的评价体系，不仅关注学生的知识掌握情况，还注重评价学生的道德行为和法治实践能力。通过多元化的评价体系，全面、客观地反映学生的综合素质和发展水平。

（二）核心要素

道德与法治融合教育模式的核心要素主要包括以下几个方面：

教育理念的融合：教育理念是指导教育实践的根本原则。道德与法治融合教育模式强调道德教育与法治教育理念的融合，将二者视为相互促进、不可分割的整体。在教育实践中，注重培养学生的道德品质和法治观念，使二者相互促进、共同提升。

课程内容的整合：课程内容的整合是道德与法治融合教育模式的核心环节。通过整合道德教育与法治教育的内容，形成跨学科的教学体系，使学生在学习过程中能够同时接触到道德和法治方面的知识，形成系统的认知体系。在整合过程中，要注重内容的衔接性和连贯性，避免知识的重复和割裂。

教学方法的创新：教学方法的创新是实现道德与法治融合教育目标的关键。道德与法治融合教育模式注重采用互动式、参与式等教学方法，激发学生的学习兴趣和主动性，使学生在参与过程中深入理解道德与法治的内在联系和实际应用。同时，要注重教学方法的多样性和灵活性，以适应不同学生的需求和特点。

教育评价的改革：教育评价的改革是保障道德与法治融合教育模式有效实施的重要手段。通过改革传统的评价方式和方法，建立多元化的评价体系，全面、客观地反映学生的综合素质和发展水平。在评价过程中，要注重过程评价和结果评价的有机结合，既要关注学生的学习成果，也要关注学生在学习过程中的表现和努力程度。

道德与法治融合教育模式的内涵和核心要素体现了道德教育与法治教育在目标、内容、方法和评价等方面的相互渗透和相互促进，存在着紧密的联系和互动关系。定义明确了该模式的本质属性和教育目标；特点揭示了其独特的教学方式和价值取向；目标则指明了其努力的方向和追求的效果；而内涵与核心要素则是实现这些目标的关键所在。接下来进一步深入探讨道德与法治融合教育模式的定义、特点和目标。

二、道德与法治融合教育模式的定义

（一）融合教育理念

在当今教育改革的浪潮中，融合教育理念作为一种全新的教育思潮，正逐渐受到广泛的关注与认可。其中，道德与法治融合教育模式作为融合教育理念的重要实践之一，更是承载着培养学生全面发展这一核心目标。

1.基于全人教育理念

道德与法治融合教育模式，其根基深深扎在全人教育理念之中。全人教育，顾名思义，即强调教育的整体性和全面性，旨在培养学生的身心、智力、情感、道德和社会性等各个方面的均衡发展。在这一理念下，教育不再仅仅是知识的传授，更是人格的塑造和全面素养的提升。

道德与法治作为社会生活的两大基石，对于学生的成长和发展具有不可替代的作用。道德是规范人们行为的内在准则，它引导学生形成正确的价值观和道德观；而法治则是维护社会秩序的外在保障，它教会学生尊重法律、遵守规则。将这二者有机融合于教育之中，不仅能够使学生更好地理解道德与法治的内在联系，更能够促进他们的全面发展。

2.整合道德与法治资源

道德与法治融合教育模式的另一大特点，就是整合道德与法治资源，形成教育合力。在传统的教学模式中，道德与法治往往被作为两个独立的学科进行教学，这在一定程度上割裂了它们之间的内在联系。而融合教育模式则通过整合教材、课程、活动等多种资源，将道德与法治有机地融合在一起，使学生在学习过程中能够同时接受道德和法治的熏陶。

这种整合不仅体现在教学内容上，更体现在教学方法和策略上。通过采用案例教学、情境模拟、角色扮演等多样化的教学方法，使学生能够身临其境地感受到道德与法治在现实生活中的应用，从而更加深刻地理解它们的价值和意义。

3.促进学生全面发展

道德与法治融合教育模式的最终目标是促进学生的全面发展。在这一模式下，学生不仅能够掌握道德与法治的基本知识，更能够形成正确的价值观和道德观，具备法治思维和法治能力。同时，他们的身心、智力、情感和社会性等方面也能够得到均衡的发展，成为具备全面素养的新时代公民。

综上所述，道德与法治融合教育模式是基于全人教育理念而构建的一种创新教育模式。它通过整合道德与法治资源，形成教育合力，旨在促进学生的全面发展。这一模式的实施，不仅能够提高学生的道德素质和法治观念，更能够培养他们的全面素养和能力，为他们的未来发展奠定坚实的基础。

（二）具体定义

在深入探讨道德与法治融合教育模式之前，我们首先需要明确其具体的定义，以便为后续的理论分析和实践探索提供一个清晰的框架。

道德与法治融合教育模式是一种将道德教育与法治教育有机融合，以培养学生高尚道德品质和牢固法治观念为目标的教育模式。这一定义涵盖了该模式的几个核心要素：

有机融合：强调道德教育与法治教育不是简单的并列或叠加，而是要在教学内容、方法、评价等方面实现深度的融合和互补，形成一个有机整体。

高尚道德品质：指通过教育，使学生具备高尚的道德情操，能够自觉遵守道德规范，展现出良好的道德行为。

牢固法治观念：意味着学生不仅要了解法律知识，更要形成尊重法律、遵守法律的观念，具备运用法律思维解决问题的能力。

目标导向：明确指出该模式的教育目标是培养学生的高尚道德品质和牢固法治观念，这是衡量教育效果的重要标准。

综上所述，道德与法治融合教育模式是一种注重道德与法治内在联系，以培养学生高尚道德品质和牢固法治观念为目标的创新教育模式。这一模式的实施，有助于提升学生的综合素养，促进他们的全面发展，为未来的社会生活奠定坚实的基础。

（三）定义解析

在明确了道德与法治融合教育模式的定义后，我们进一步对这一定义进行解析，以深入理解其内涵和重要性。

首先，该定义强调了道德与法治在教育过程中的相互依存、相互促进关系。道德教育与法治教育不是孤立存在的，而是相互关联、相辅相成的。道德教育为学生提供了内在的行为准则和价值导向，帮助他们形成正确的道德观念和高尚的道德品质；而法治教育则为学生提供了外在的行为规范和法律保障，教会他们尊重法律、遵守规则。二者在教育过程中相互渗透、相互影响，共同构成了学生全面发展的重要基石。

其次，融合教育模式对于提升学生综合素质的重要性不言而喻。在传统的教学模式下，道德教育与法治教育往往被分割成两个独立的学科，这不利于学生形成完整的道德法治观念。而融合教育模式则通过整合教学资源、优化教学方法，将道德教育与法治教育有机地融合在一起，使学生在学习过程中能够同时接受道德和法治的熏陶，从而更加全面地提升他们的综合素质。

具体来说，融合教育模式有助于学生形成正确的价值观和道德观，增强他们的法治意识和法律素养。通过融合教学，学生可以更加深入地理解道德与法治的内在联系，认识到道德是法治的基础，法治是道德的保障。这种认识不仅有助于学生形成正确的行为准则，还能够提高他们的法律思维能力和解决问题的能力。

此外，融合教育模式还有助于培养学生的综合素质和能力。在融合教学过程中，学生需要运用多种知识和技能来解决问题，这有助于培养他们的思维能力、创新能力、沟通能力等。同时，融合教育模式还注重学生的实践体验，通过模拟法庭、社区服务等实践活动，使学生在实践中学习和应用道德与法治知识，从而更加深入地理解它们的价值和意义。

综上所述，道德与法治融合教育模式是一种注重道德与法治相互联系、相互促进的教育模式，它对于提升学生综合素质、促进学生全面发展具有重要意义。通过实施融合教育模式，我们可以更好地培养学生的道德品质和法治观念，为他们的未来发展奠定坚实的基础。

三、道德与法治融合教育模式的特点

在当今教育改革的浪潮中，道德与法治融合教育模式作为一种创新的教育理念，正逐渐受到广泛的关注与认可。这一模式不仅打破了传统学科之间的界限，更以其实践性、综合性等特点，为学生的成长成才提供了新的路径和可能。

（一）综合性

道德与法治融合教育模式作为一种创新的教育理念，其综合性特点在内容、方法、评价等方面得到了充分体现。这一模式不仅注重课程内容的跨学科整合，还强调教学方法的多样化和评价体系的多元化，从而为学生提供了一个全面、系统的学习体验。

1. 课程内容的跨学科整合

道德与法治融合教育模式在课程内容上实现了跨学科整合。它不再将道德教育与法治教育视为两个独立的学科，而是将它们有机融合在一起，形成了一个综合性的教学体系。这种整合不仅体现在知识点的衔接和互补上，还体现在对现实问题的共同关注和解决上。通过跨学科整合，学生可以更加全面地了解道德与法治的内在联系和相互作用，从而更好地掌握相关知识和技能。

2. 教学方法的多样化

在教学方法上，道德与法治融合教育模式注重多样化和创新性。它摒弃了传统的单一讲授方式，而是采用了案例分析、小组讨论、角色扮演、模拟法庭等多种教学方法。这些教学方法不仅能够激发学生的学习兴趣和积极性，还能够培养他们的批判性思维、团队合作和解决问题的能力。通过多样化的教学方法，学生可以更加深入地理解和运用道德与法治的知识，形成正确的价值观和法治观念。

3. 评价体系的多元化

道德与法治融合教育模式在评价体系上也实现了多元化。它不再仅仅关注学生的考试成绩，而是更加注重学生的综合素质和能力的发展。因此，在评价方式上，该模式采用了多种评价手段，如课堂表现、小组讨论、实践报告、口头演讲等。这些评价手段能够全面、客观地反映学生的学习情况和综合素质，从而为教师提供更加准确的教学反馈和指导。同时，多元化的评价体系也能够激发学生的学习兴趣和积极性，促进他们的全面发展。

综上所述,道德与法治融合教育模式的综合性特点在内容、方法、评价等方面得到了充分体现。通过跨学科整合、多样化的教学方法和多元化的评价体系,该模式为学生提供了一个全面、系统的学习体验,有助于培养他们的综合素质和能力,为他们的未来发展奠定坚实的基础。

在教育领域中,综合性的教育模式通过整合不同学科内容、采用多样化的教学方法和构建多元化的评价体系,为学生提供了全面、丰富的学习体验。以下是一个具体案例,展示了综合性在教育模式中的应用:

※【案例】

道德与法治融合教育模式的综合实践

一、背景与目标

某中学为了提升学生的道德素质和法治观念,决定实施道德与法治融合教育模式。该模式旨在通过跨学科整合、多样化教学和多元化评价,促进学生全面发展,形成正确的价值观和法治意识。

二、课程内容的跨学科整合

整合道德与法治课程:学校将道德与法治两门学科的教学内容进行了深度融合,不仅涵盖了道德伦理、公民道德等基本道德准则,还引入了宪法、法律基础、青少年权益保护等法治教育内容。通过整合,学生在学习过程中能够同时接受道德和法治的熏陶,形成对二者的整体认识。

跨学科知识融入:道德与法治融合课程中,还融入了历史学、社会学、心理学等相关学科的知识。例如,通过对历史事件的分析,让学生了解不同社会背景下的道德观念和法治实践;通过对社会学理论的学习,引导学生思考社会现象与道德法治的关系;通过对心理学知识的传授,帮助学生理解自身行为背后的道德和法治动机。

三、教学方法的多样化

案例分析法：教师选取具有代表性的道德和法治案例，组织学生进行小组讨论和分析。通过案例学习，学生能够更加直观地理解道德规范和法律条款在实际生活中的应用，提高解决问题的能力。

角色扮演法：采用模拟法庭、社区调解等场景，让学生扮演不同角色进行模拟实践。通过角色扮演，学生不仅能够加深对法律程序的理解，还能体验不同角色的道德和法律责任，增强法律意识和道德判断力。

项目式学习：围绕特定的道德或法治主题，设计跨学科的研究项目。学生需要组建团队、制定计划、收集资料、分析问题并提出解决方案。项目式学习不仅能够锻炼学生的综合应用能力，还能培养他们的团队合作精神和创新思维。

四、评价体系的多元化

形成性评价：注重学生在学习过程中的表现和进步。通过课堂观察、小组讨论记录、个人反思日志等方式，及时了解学生的学习情况和问题，并给予针对性的指导和反馈。

总结性评价：除了传统的考试和测验外，还引入了项目报告、口头演讲、模拟法庭表现等多种评价方式。这些评价方式能够全面、客观地反映学生的综合素质和能力发展水平。

同伴评价与自我评价：鼓励学生之间进行同伴评价和自我评价。通过相互评价和自我评价，学生能够更加客观地认识自己的优点和不足，促进自我反思和成长。

综上所述，道德与法治融合教育模式的综合实践案例展示了综合性在教育模式中的应用效果。通过跨学科整合课程内容、采用多样化的教学方法和构建多元化的评价体系，该模式为学生提供了全面、丰富的学习体验，有助于培养他们的综合素质和能力发展。

（二）实践性

在道德与法治融合教育模式中，实践性是其不可或缺的核心要素。这一特性强调，学生需要掌握理论知识，更需通过实践活动、案例分析等方式，将所学应用于实际情境中，从而深化道德认知和法治意识。

1.实践活动：理论与实践的桥梁

融合教育模式注重将道德与法治的理论知识转化为学生的实际行动。通过组织各类实践活动，如社区服务、模拟法庭、法治宣传等，学生得以在真实或模拟的情境中应用所学知识，解决实际问题。这些活动不仅锻炼了学生的实践能力，更使他们在实践中深刻体会到道德与法治的重要性，从而内化为自身的行为准则。

2.案例分析：深化理解的钥匙

案例分析是融合教育模式中另一种重要的实践方式。教师选取具有代表性的道德和法治案例，引导学生进行深入剖析。通过讨论案例的背景、过程、结果及涉及的道德和法律问题，学生能够更加直观地理解道德规范和法律条款在实际生活中的应用，提高分析问题和解决问题的能力。同时，案例分析还有助于培养学生的批判性思维，使他们学会从不同角度审视问题，形成更加全面和深入的认知。

3.实践体验与道德认知、法治意识的互动

在融合教育模式中，实践体验与道德认知、法治意识是相互促进、相辅相成的。一方面，实践体验为学生提供了将理论知识应用于实际的机会，使他们在实践中不断加深对道德和法治的理解；另一方面，道德认知和法治意识的提升又指导学生在实践中做出正确的判断和选择，形成良性循环。

4.实践性的实施策略

为了有效落实实践性在融合教育模式中的地位，学校和教育者应采取

以下策略:

丰富实践活动形式:结合学生兴趣和社会热点,设计多样化的实践活动,如志愿服务、社会调查、模拟立法等,以满足不同学生的需求。

强化案例分析教学:精选案例,注重案例的时效性和典型性,引导学生深入分析案例背后的道德和法治问题,提高他们的分析能力和判断力。

建立实践反馈机制:对学生的实践活动进行及时评价和反馈,鼓励他们分享实践经验和感悟,促进同学之间的相互学习和借鉴。

加强校企合作:与社区、法院、律师事务所等机构建立合作关系,为学生提供更多实践机会和资源支持。

综上所述,实践性是道德与法治融合教育模式的重要组成部分。通过注重学生的实践体验,融合教育模式不仅增强了学生的道德认知和法治意识,还培养了他们的实践能力和解决问题的能力。因此,在实施融合教育模式时,应充分重视实践性的地位和作用,为学生创造更多实践机会和平台,促进他们的全面发展。

以下是一个实践性强的融合教育案例,该案例展示了如何在道德与法治教育中注重学生的实践体验,通过实践活动增强学生的道德认知和法治意识。

※【案例】

社区法治小卫士

一、项目背景

某市中学为了响应国家关于加强青少年法治教育的号召,结合学校道德与法治课程的教学需求,创新性地开展了"社区法治小卫士"项目。该项目旨在通过实践活动,让学生走出校园,深入社区,将所学的法治知识应用于实际生活中,同时提升他们的社会责任感和公民意识。

二、项目内容

(一)法治知识培训

项目启动之初,学校邀请了当地法院、检察院的法官和检察官来校为参与项目的学生进行法治知识专题培训。培训内容包括宪法、未成年人保护法、预防未成年人犯罪法等与学生生活密切相关的法律法规。

（二）社区实践活动

法治宣传：学生分组走进社区，通过发放宣传手册、举办小型讲座、设置法治知识问答等形式，向社区居民普及法律知识，提高居民的法治意识。

法律援助：在教师和专业人员的指导下，学生为社区内有需要的居民提供法律咨询和援助服务，帮助他们解决日常生活中的法律问题。

模拟法庭：在社区内设立临时模拟法庭，选取具有代表性的青少年犯罪案例进行模拟审判。学生分别扮演法官、检察官、律师、被告人等角色，亲身体验法律程序，加深对法律条文和司法实践的理解。

（三）反馈与反思

每次实践活动结束后，学生都需要撰写实践报告，分享自己的实践经历和感悟。同时，学校组织专题研讨会，让学生交流实践经验，反思实践中遇到的问题和不足，提出改进建议。

三、项目成效

增强学生的法治意识：通过实践活动，学生对法律有了更直观、更深入的认识，法治意识显著提升。

提升学生的实践能力：学生在实践中学会了如何将所学知识应用于实际情境中，解决问题的能力得到有效锻炼。

促进社区法治建设：学生的法治宣传和法律援助活动对社区法治建设起到了积极的推动作用，得到了社区居民的广泛好评。

增强社会责任感：通过参与项目，学生深刻体会到自己作为社会一员的责任和使命，社会责任感显著增强。

四、案例启示

"社区法治小卫士"项目是一个实践性强的融合教育案例，它充分展示了如何在道德与法治教育中注重学生的实践体验。通过实践活动，学生不仅掌握了法律知识，更学会了如何将法律知识转化为实际行动，为社区的法治建设贡献自己的力量。这一案例为其他学校开展类似项目提供了有益的借鉴和启示。

（三）开放性

在当今教育改革的浪潮中，融合教育模式以其独特的开放性特点，为家校社共育提供了新的思路和方向。这一模式不仅注重学校内部的教育资源整合，更强调学校与家庭、社会的紧密联系和合作，共同促进学生的健康成长。

1.开放性的内涵

融合教育模式的开放性体现在多个层面。首先，它倡导教育理念的开放，鼓励教育者、学生、家长和社会各界人士共同参与教育过程，形成多元化的教育主体。其次，它强调教育资源的开放，通过整合校内外资源，为学生提供更加丰富、多元的学习体验。最后，它还注重教育过程的开放，鼓励学生走出课堂，参与社会实践，将所学知识应用于实际生活中。

2.家校社共育的重要性

家校社共育是融合教育模式开放性特点的集中体现。家庭、学校和社会是学生成长的三大环境，它们之间相互影响、相互制约。家校社三方只有形成教育合力，才能为学生的健康成长提供全方位的支持和保障。融合教育模式通过开放性的设计和实施，为家校社共育提供了有力的支撑和平台。

3.融合教育模式促进家校社共育的具体路径

加强家校沟通与合作：融合教育模式注重家校之间的沟通和合作。学校通过定期召开家长会、开展家访、建立家校联系册等方式，及时了解学生在家庭中的表现和需求，同时也向家长传达学校的教育理念和教学要求。家长则通过参与学校活动、提供教育资源等方式，支持学校的教育工作。

拓展社会实践渠道：融合教育模式鼓励学生走出校园，参与社会实践。学校通过与企业、社区、政府机构等建立合作关系，为学生提供实习、志愿服务、社会调查等实践机会。这些实践活动不仅锻炼了学生的实践能力，还使他们更加深入地了解社会现实和法治实践，增强了他们的社会责任感和公民意识。

整合校内外教育资源：融合教育模式注重整合校内外教育资源，为学生提供更加丰富、多元的学习体验。学校通过邀请校外专家进校讲座、组织学生参加校外竞赛、开展校企合作等方式，将校外优质教育资源引入校园。同时，学校也鼓励学生利用网络资源进行自主学习和探究，拓宽知识视野。

建立共育机制：为了确保家校社共育的有效实施，融合教育模式还注重建立共育机制。学校通过成立家校社共育委员会、制定共育计划、开展共育活动等方式，明确各方职责和任务，形成协同育人的良好氛围。

4.结论

综上所述，融合教育模式的开放性特点为家校社共育提供了新的思路和方向。通过加强家校沟通与合作、拓展社会实践渠道、整合校内外教育资源和建立共育机制等具体路径，融合教育模式能够有效地促进家校社共育的实现，为学生的健康成长提供全方位的支持和保障。在未来的教育改革中，我们应该进一步发挥融合教育模式的开放性优势，推动家校社共育的深入发展。

融合教育模式的具体实例可以从多个层面和角度来呈现，以下是一个综合了多个方面特点的融合教育模式案例：

※【案例】

全人发展融合教育模式

一、背景与目标

某地区为了响应国家关于推进素质教育和特殊教育的号召，

结合本地教育资源和学生需求，创新性地实施了"全人发展融合教育模式"。该模式旨在打破传统教育壁垒，将普通教育与特殊教育有机融合，通过跨学科整合、多样化教学方法和家校社共育等策略，促进学生的全面发展，特别是关注特殊学生的融入与成长。

二、主要特点与措施

（一）跨学科整合课程内容

将道德与法治、科学、艺术、体育等多学科内容进行有机融合，设计综合性学习单元。例如，在道德与法治课程中融入历史学、社会学知识，通过案例分析探讨社会现象与道德法治的关系。

开设融合教育特色课程，如"生活技能与社交礼仪""科学探索与社会责任"等，旨在提升学生的综合素质和社会适应能力。

（二）多样化教学方法

采用项目式学习、合作学习、情境教学等多种教学方法，激发学生的学习兴趣和主动性。例如，通过"模拟联合国"项目，让学生在角色扮演中了解国际关系和外交政策，同时培养他们的沟通能力和团队协作精神。

引入信息技术手段，如在线学习平台、虚拟现实技术等，为学生提供更加直观、互动的学习体验。

（三）注重实践体验与社区参与

组织学生参与社区服务、环保行动、法治宣传等实践活动，将所学知识应用于实际情境中，增强学生的社会责任感和公民意识。

与当地社区、企业、政府机构等建立合作关系，为学生提供实习、志愿服务等机会，拓宽他们的视野和经验。

（四）个性化支持与学习辅导

针对学生的不同需求和特点，提供个性化的学习支持和辅导。例如，为特殊学生制定个别化教育计划，提供必要的辅助工具和专业教师的指导。

设立学习资源中心或学习支持小组,为学生提供课外学习资源和辅导服务,帮助他们解决学习中的困难和问题。

(五)家校社共育机制

建立家校社共育委员会或联络机制,定期召开会议讨论学生的成长问题和发展策略。

鼓励家长参与学校的教育活动和决策过程,共同为学生的成长创造有利环境。

加强与社区、社会组织的合作与交流,共同为学生的社会实践和志愿服务提供机会和支持。

三、实施成效

全人发展融合教育模式的实施取得了显著成效:

学生的综合素质和能力得到全面提升,特别是特殊学生在普通学校中的融入度和自信心显著增强。

教师的教学理念和教学方法得到更新和提升,更加注重学生的个体差异和全面发展。

家校社共育机制的形成促进了教育资源的整合和优化配置,为学生的成长提供了更加有力的支持和保障。

这一实例充分展示了融合教育模式在教育实践中的应用价值和潜力,为其他地区和学校的教育改革提供了有益的借鉴和启示。

(四)针对性

融合教育模式作为一种创新的教育理念,其核心在于针对不同年龄段、不同认知水平的学生,设计差异化的教育内容和教学方法,旨在满足学生的个性化需求,促进每个学生的全面发展。

1.理解针对性的重要性

在融合教育模式中,针对性是确保教育质量的关键。由于学生的年龄、认知水平、兴趣爱好等方面存在差异，因此，一刀切的教学方式难以满足所有学生的需求。针对性的教学，可以更好地激发学生的学习兴趣，提高他们的学习积极性，从而实现因材施教的目标。

2.针对不同年龄段的设计

低年级学生：对于低年级学生，融合教育模式注重培养他们的基本道德观念和法治意识。教育内容以生动形象的故事、游戏等形式呈现，教学方法多采用情境教学、角色扮演等，旨在让学生在轻松愉快的氛围中学习知识，形成正确的价值观。

中年级学生：随着学生认知水平的提升，融合教育模式开始引入更深层次的道德和法治知识。教育内容注重理论与实践的结合，教学方法上采用案例分析、小组讨论等，鼓励学生积极思考、勇于表达，培养他们的批判性思维和团队合作能力。

高年级学生：针对高年级学生，融合教育模式更加注重培养他们的综合素质和能力。教育内容涵盖更广泛的道德和法治领域，教学方法上采用项目式学习、研究性学习等，鼓励学生自主探究、创新实践，为他们的未来发展奠定坚实的基础。

3.针对不同认知水平的设计

基础认知水平学生：对于基础认知水平的学生，融合教育模式注重基础知识的传授和基本技能的培养。教育内容以基础知识为主，教学方法多采用直观演示、重复练习等，旨在帮助学生打牢基础，为后续学习做好准备。

中等认知水平学生：对于中等认知水平的学生，融合教育模式注重拓展他们的知识面和提升他们的思维能力。教育内容在基础知识的基础上进行适当的拓展和延伸，教学方法上采用启发式教学、探究式教学等，鼓励学生主动思考、积极探索。

高认知水平学生：针对高认知水平的学生，融合教育模式更加注重培养他们的创新能力和解决问题的能力。教育内容涵盖更深层次的道德和法治问题，教学方法上采用问题导向教学、跨学科整合等，鼓励学生进行创新性思维和实践性操作。

4.实施针对性的策略

个性化教学计划的制定：针对每个学生的具体情况，制定个性化的教学计划，明确教学目标、教学内容和教学方法。

动态调整教学内容和难度：根据学生的学习进度和反馈，及时调整教学内容和难度，确保每个学生都能在适合自己的水平上得到发展。

多元化评价体系的构建：建立多元化的评价体系，关注学生的全面发展，包括知识掌握、能力提升、情感态度等多个方面。

家校合作与沟通：加强与家长的沟通和合作，共同关注学生的学习和成长，为学生的个性化发展提供有力支持。

综上所述，融合教育模式的针对性是其核心特点之一。通过针对不同年龄段、不同认知水平的学生设计差异化的教育内容和教学方法，可以更好地满足学生的个性化需求，促进他们的全面发展。在实施过程中，需要制定个性化的教学计划、动态调整教学内容和难度、构建多元化的评价体系和加强家校合作与沟通等策略来确保针对性的有效实现。

5.具体实施

在融合教育模式中，具体实施针对性教学需要从多个方面入手，确保每个学生都能得到符合其个性化需求的教育。

（1）深入了解学生需求

个性化评估：通过多种评估方式（如观察、访谈、问卷调查、学习成绩测试等）全面了解学生的学习特点、兴趣爱好、认知能力、情感发展等方面的需求。

建立学生档案：为每位学生建立个性化档案，记录其学习情况、进步轨迹、特殊需求等信息，为制定针对性教学计划提供依据。

（2）制定针对性教学计划

个性化学习目标：根据学生的实际情况和评估结果，制定符合其个性化需求的学习目标。这些目标应具有挑战性但可实现，旨在促进学生的全面发展。

差异化教学内容：根据学生的学习水平和兴趣爱好，调整教学内容的难度和广度。对于基础薄弱的学生，注重基础知识的巩固；对于学有余力的学生，提供拓展性和探究性的学习任务。

多元化教学方法：采用多种教学方法和手段，如直观演示、启发式教学、合作学习、项目式学习等，以适应不同学习风格和能力的学生。同时，利用信息技术手段提供个性化的学习资源和支持。

（3）实施针对性教学措施

分层教学：根据学生的认知水平和学习需求，将班级分为不同的学习小组或实施走班制教学。每个小组或班级的教学内容、方法和进度根据学生的实际情况进行调整。

个别化指导：为需要额外帮助的学生提供个别化指导。教师可以利用课余时间进行一对一辅导，或安排学习伙伴进行同伴互助学习。

适应性教材与资源：选择或开发适应性教材和学习资源，确保所有学生都能参与学习。包括提供不同难度的练习、使用多媒体资源和提供辅助工具等。

情感关怀与心理支持：关注学生的情感发展和心理健康，为他们提供必要的情感关怀和心理支持。建立信任和谐的师生关系，鼓励学生表达自己的想法和感受。

（4）建立多元评价体系

多元化评估方式：采用多种评估方式（如观察、项目展示、口头报告、同伴评价等）全面了解学生的学习进展。这些评估方式不仅关注学生的学习成果，还关注他们的学习过程、合作能力和情感态度等方面。

持续反馈与调整：定期为学生提供学习反馈，帮助他们了解自己的学习情况和进步空间。同时，根据学生的学习进展和需求变化，及时调整教学计划和方法。

（5）加强家校合作与社区参与

家校沟通：定期与家长沟通学生的学习情况和进步挑战，确保家长了解并支持孩子的教育需求。鼓励家长参与学校的决策过程和教育活动，形成家校合力。

社区参与：利用社区资源为学生提供更多的学习机会和实践经验。组织学生参与社区服务、环保行动等实践活动，培养他们的社会责任感和公民意识。

综上所述，融合教育模式中针对性教学的具体实施需要从深入了解学生需求、制定针对性教学计划、实施针对性教学措施、建立多元评价体系和加强家校合作与社区参与等多个方面入手。通过这些措施的实施，可以确保每个学生都能在适合自己的教育环境中得到全面而有个性的发展。

四、道德与法治融合教育模式的目标

道德与法治融合教育模式是一种创新教育模式。它旨在通过深度整合道德与法治教育资源，构建系统化的课程体系，采用多元化的教学方法，为学生提供全面、深入、个性化的道德与法治教育。该模式的核心目标，不仅在于传授知识，更在于引导学生树立正确的世界观、人生观和价值观，培养他们的社会责任感、法治意识和道德判断力，使他们成为有理想、有道德、有文化、有纪律的新时代公民。

（一）培养高尚道德品质

在当今教育体系中，融合教育模式以其独特的魅力和深远的意义，正逐渐成为培养学生全面发展的重要途径。而在这一模式中，首要且核心的目标便是培养学生的高尚道德品质。这些品质，如诚实守信、尊重他人、热爱祖国等，不仅是个人立身之本，更是社会和谐之基。

1.诚实守信：道德的基石

诚实守信，作为道德品质的基石，是每个人在社会中立足的根基。在融合教育模式中，我们通过一系列的教学活动和实践环节，让学生深刻理解诚实守信的重要性。从日常生活中的小事做起，如按时完成作业、不抄袭不作弊，到面对困难和挑战时坚守承诺、勇于担当，都是对诚实守信品质的锤炼和升华。

2.尊重他人：和谐社会的纽带

尊重他人，是构建和谐社会不可或缺的一环。在融合教育模式中，我们注重培养学生的同理心和包容心态，让他们学会换位思考，理解并尊重他人的感受和需求。通过团队合作、文化交流等活动，学生不仅能够增进彼此之间的了解和友谊，还能在相互尊重的基础上共同成长和进步。

3.热爱祖国：民族精神的传承

热爱祖国，是每个公民应尽的责任和义务。在融合教育模式中，我们通过讲述历史故事、传承民族文化、弘扬爱国精神等方式，激发学生的爱国情感。让他们深刻认识到，个人的命运与祖国的命运紧密相连，只有祖国繁荣富强，个人才能有更好的发展空间和机会。

综上所述，培养高尚道德品质是融合教育模式的首要目标。通过诚实守信、尊重他人、热爱祖国等品质的培养，我们期望每一位学生都能成为具有高尚道德情操、坚定法治观念和全面发展能力的新时代青少年。这不仅是对他们个人成长的期望，更是对社会和谐发展的贡献。

以下是一个具体的教学案例，展示了如何在教育过程中培养学生的高尚道德品质，特别是诚实守信、尊重他人和热爱祖国这三个方面。

※【案例】

以"诚实守信、尊重他人、热爱祖国"为主题的班会活动

一、活动背景与目的

随着社会的发展，高尚道德品质的培养成为学校教育的重要内容。为了引导学生树立正确的价值观，增强他们的社会责任感，特举办以"诚实守信、尊重他人、热爱祖国"为主题的班会

活动。本次活动旨在让学生深刻理解这些道德品质的内涵，并在日常生活中践行。

二、活动准备

资料收集：教师提前收集关于诚实守信、尊重他人、热爱祖国的相关故事、视频、图片等资料，以便在活动中展示和讲解。

场地布置：将教室布置成温馨、互动的氛围，设置主题墙报，展示相关名言警句和优秀学生事迹。

小组划分：将学生分成若干小组，每组负责一个主题（诚实守信、尊重他人、热爱祖国）的展示和讨论。

三、活动过程

（一）开场导入

教师简要介绍活动背景和目的，激发学生的参与热情。

（二）主题展示

诚实守信组：通过小品表演或故事讲述的形式，展示诚实守信的重要性。例如，可以讲述一个学生因为诚实守信而赢得他人尊重和信任的故事。

尊重他人组：利用情景模拟或角色扮演的方式，让学生体验尊重他人的感受。例如，模拟一个班级讨论会，强调倾听他人意见、尊重不同观点的重要性。

热爱祖国组：通过播放爱国影片片段、朗诵爱国诗歌或分享爱国故事等形式，激发学生的爱国情感。可以邀请退伍军人或爱国人士来校分享他们的亲身经历和感悟。

（三）小组讨论

每个小组围绕各自的主题进行深入讨论，分享自己的理解和感受。教师可以引导学生思考如何将这些道德品质融入日常生活。

（四）全班分享

每个小组派代表上台分享讨论成果，其他同学可以提问或补充。通过全班交流，加深学生对这些道德品质的认识和理解。

（五）制定行动计划

引导学生制定个人或小组的行动计划，明确自己在诚实守信、尊重他人、热爱祖国等方面需要努力的方向和具体措施。例如，制定一个诚实守信的承诺书、参与社区服务和志愿者活动等。

（六）总结与反思

教师对活动进行总结，强调高尚道德品质的重要性及其对个人成长和社会发展的意义。同时，鼓励学生反思自己的言行举止，思考如何在日常生活中践行这些道德品质。

四、活动效果与反馈

通过本次活动，学生不仅加深了对诚实守信、尊重他人、热爱祖国等道德品质的认识和理解，还激发了他们的爱国情感和社会责任感。同时，通过制定行动计划和实践反思等环节，学生能够将所学转化为实际行动，不断提升自己的道德品质素养。此外，活动还促进了师生之间的情感交流和学生之间的团结协作，营造了良好的班级氛围。

这个教学案例充分展示了如何在融合教育模式中具体实施高尚道德品质的培养。通过多样化的教学方法和实践活动，学生能够在轻松愉快的氛围中学习并践行这些道德品质，为他们的全面发展奠定坚实的基础。

（二）树立牢固法治观念：融合教育模式的使命与实践

在当今复杂多变的社会环境中，法治作为维护社会秩序、保障公民权益的重要基石，地位愈发凸显。融合教育模式作为一种创新的教育理念，正是基于这一时代背景，将法治观念的培养作为其核心目标之一。

1.融合教育模式与法治观念培养的契合

融合教育模式强调跨学科、跨领域的整合，旨在为学生提供全面、系统的教育。在这一模式下，法治观念的培养不再是单一学科的任务，而是贯穿于整个教育过程之中。通过整合法律知识与道德教育、社会实践等多个方面，融合教育模式为学生提供了一个全方位、多维度的法治学习环境。

2.了解法律知识：法治观念的基础

树立牢固的法治观念，首先需要了解法律知识。在融合教育模式下，学生将通过系统学习，掌握宪法、民法、刑法等基础法律知识，以及与学生生活密切相关的法律法规。这些知识不仅有助于学生更好地理解法治的内涵，还为他们在日常生活中遵守法律、维护权益提供了有力支持。

3.遵守法律法规：法治观念的实践

了解法律知识是树立法治观念的基础，但更重要的是将法律知识转化为实际行动。融合教育模式注重培养学生的法治实践能力，通过模拟法庭、法律志愿服务等活动，让学生亲身体验法律的权威与公正。在这些实践中，学生学会了如何遵守法律法规，如何在法律框架内解决问题，从而进一步巩固了他们的法治观念。

4.维护社会公正：法治观念的升华

法治的最终目的是维护社会公正。在融合教育模式下，学生不仅学会了遵守法律，还学会了如何运用法律武器维护社会公正。他们通过参与社区服务、法律援助等活动，为弱势群体提供帮助，为社会的和谐稳定贡献力量。这些经历不仅提升了学生的社会责任感，还让他们更加深刻地理解了法治的价值和意义。

综上所述，融合教育模式在培养学生牢固法治观念方面发挥着重要作用。通过整合法律知识、道德教育和社会实践等多个方面，融合教育模式为学生提供了一个全面、系统的法治学习环境。在这一模式下，学生不仅能够了解法律知识、遵守法律法规，还能够积极维护社会公正，成为具有高尚道德情操和坚定法治观念的新时代青少年。

※【实践】

在融合教育模式中有效渗透法治教育是一个多维度、全方位的过程，需要教育者精心设计教学策略，充分利用各种教育资源，以促进学生法治观念的形成和法律素养的提升。

一、明确法治教育目标

首先，教育者应明确法治教育的目标，即帮助学生树立牢固的法治观念，了解法律知识，遵守法律法规，维护社会公正。这一目标应贯穿于整个融合教育过程之中，成为各学科教学的共同导向。

二、整合课程内容

融合教育模式强调跨学科整合，法治教育也应融入各学科教学中。例如，在历史课上，可以讲述法治发展的历程和重要事件；在语文课上，可以分析文学作品中的法治思想；在政治课上，则可以系统讲授法律知识和法治原理。通过这种方式，学生可以在不同学科的学习中，不断加深对法治的理解和认识。

三、创新教学方法

生活化教学：将法治教育与学生生活紧密结合起来，通过生活中的实际案例和情境，让学生感受到法律就在身边，从而增强他们的法治意识。例如，可以组织学生参观法庭、旁听庭审，或者参与模拟法庭审判等活动，让学生在实践中学习法律知识，体验法治精神。

情景模拟与角色扮演：创设与法治相关的情景，让学生通过角色扮演的方式参与其中，体验不同角色在法治社会中的权利和义务。这种方式能够激发学生的学习兴趣，提高他们运用法律知识解决实际问题的能力。

多媒体辅助教学：充分利用多媒体教学资源，如视频、音频、图片等，将抽象的法律知识具体化、生动化，帮助学生更好地理解和记忆。同时，也可以利用网络平台和社交媒体等新媒体工具，拓宽法治教育的传播渠道和影响力。

四、加强师资队伍建设

教师是法治教育的重要实施者，他们的法治素养和教学能力直接影响法治教育的效果。因此，加强师资队伍建设是融合教育模式中有效渗透法治教育的关键。学校应定期组织教师参加法治教育培训，提高他们的法律专业能力和教学水平；同时，也应鼓励教师积极探索和实践新的教学方法和模式，以更好地满足学生的学习需求。

五、构建家校社协同育人机制

法治教育不仅仅局限于学校教育，还需要家庭和社会的共同参与。学校应加强与家长和社会的沟通与合作，共同构建家校社协同育人机制。例如，邀请法律专家、法官、检察官等进校园开展法治讲座和咨询活动，组织学生参与社区法治宣传和服务等活动，让他们在实践中感受法治的力量和价值。

六、注重法治文化的营造

法治文化是推动法治教育深入发展的重要因素。学校应注重法治文化的营造，通过校园文化建设、法治宣传周等活动，营造浓厚的法治氛围。同时，也应鼓励学生积极参与法治文化建设活动，如法治手抄报、法治征文比赛等，让他们在参与中感受法治文化的魅力并内化为自己的行动准则。

综上所述，融合教育模式中有效渗透法治教育需要教育者明确目标、整合资源、创新方法、加强师资队伍建设、构建家校社协同育人机制和注重法治文化的营造等多方面的努力。只有这样，才能培养出具有高尚道德情操和坚定法治观念的新时代青少年。

（三）提升综合素质

在当今教育体系中，提升学生的综合素质已成为教育的重要目标。融合教育模式作为一种创新的教育理念，通过整合道德与法治教育资源，为学生的全面发展提供了有力支持。

1.融合教育模式与综合素质提升

融合教育模式强调跨学科、跨领域的整合，旨在为学生提供全面、系统的教育体验。在这一模式下，道德与法治教育资源的整合成为提升学生综合素质的关键环节。通过将这两大领域的教育资源有机融合，融合教育模式为学生提供了一个更加完整、丰富的学习环境，有助于他们在多个维度上获得成长。

2.整合道德与法治教育资源

课程内容整合：融合教育模式将道德与法治的相关内容融入各学科教学中，使学生在学习学科知识的同时也能接触到法治思想和道德规范。这种整合方式有助于学生在潜移默化中树立正确的价值观和法治观念。

教学方法创新：为了更好地整合道德与法治教育资源，融合教育模式采用了多种创新的教学方法，如案例教学、情境模拟、角色扮演等。这些方法不仅激发了学生的学习兴趣，还提高了他们的思维能力和创新能力。

实践活动拓展：融合教育模式注重将理论与实践相结合，通过组织各种实践活动，如法治宣传、社区服务、道德讲堂等，让学生在实践中体验和感悟道德与法治的重要性。这些活动有助于培养学生的社会责任感和公民意识。

3.提升学生综合素质

思维能力：通过整合道德与法治教育资源，融合教育模式为学生提供了更多的思考机会和思维挑战。学生在分析和解决问题的过程中，需要运用批判性思维、创造性思维等多种思维方式，从而有效提升了他们的思维能力。

创新能力：融合教育模式鼓励学生勇于尝试新事物，敢于挑战传统观念。在道德与法治的实践中，学生需要不断探索和创新，以找到更好的解决方案。这种过程有助于培养学生的创新意识和创新能力。

社会责任感：通过融合教育模式的实践环节，学生更加深刻地认识到自己作为社会成员的责任和义务。他们学会了关心他人、尊重他人，积极参与社会活动，为社会的和谐稳定贡献力量。这种社会责任感的培养有助于学生成为有担当、有作为的新时代青少年。

综上所述，融合教育模式通过整合道德与法治教育资源，为学生的综合素质提升提供了有力支持。在这一模式下，学生的思维能力、创新能力和社会责任感等都有了显著的提升。未来，我们应继续深化融合教育模式的实践探索，为培养更多具有高尚道德情操和坚定法治观念的新时代青少年贡献力量。

（四）促进全面发展

在当今时代，教育被赋予了前所未有的重要使命——促进学生的全面发展，使他们成为德智体美劳全面发展的社会主义建设者和接班人。融合教育模式作为一种创新的教育理念和实践策略，正是为了实现这一终极目标而不断探索和前行。

1.融合教育模式与全面发展

融合教育模式强调跨学科、跨领域的整合，旨在打破传统教育中的壁垒，为学生提供全面、系统的教育体验。它关注学生的学术成绩，更重视学生的道德品质、法治观念、身心健康、艺术修养和劳动技能等多方面的发展。通过融合教育模式，学生能够在不同的学习领域中获得均衡的发展，从而实现个人的全面发展。

2.德智体美劳全面发展的内涵

德：指的是学生的道德品质和道德修养。融合教育模式通过整合道德与法治教育资源，培养学生的高尚道德情操和坚定的法治观念，使他们成为具有社会责任感和公民意识的新时代青少年。

智：指的是学生的学术能力和知识素养。融合教育模式注重学科之间的整合和联系，通过多样化的教学方法和实践活动，激发学生的学习兴趣和求知欲，提高他们的学习能力和创新思维能力。

体：指的是学生的身体素质和体育精神。融合教育模式强调身心健康的重要性，通过组织各种体育活动和体育锻炼，增强学生的体质和体能，培养他们的团队精神和竞技意识。

美：指的是学生的艺术修养和审美能力。融合教育模式注重艺术教育的渗透和融合，通过音乐、美术、舞蹈等艺术形式的学习和欣赏，提高学生的艺术素养和审美能力，培养他们的创造力和想象力。

劳：指的是学生的劳动技能和劳动习惯。融合教育模式重视劳动教育的重要性，通过组织各种劳动实践和志愿服务活动，培养学生的劳动技能和劳动习惯，使他们懂得珍惜劳动成果，尊重劳动人民。

3.融合教育模式促进学生全面发展的路径

整合教育资源：融合教育模式通过整合不同学科、不同领域的教育资源，为学生提供全面、系统的学习内容和实践机会。这种整合方式有助于学生在多个维度上获得发展，实现德智体美劳的全面提升。

创新教学方法：融合教育模式采用多样化的教学方法和手段，如案例教学、情境教学、项目式学习等，激发学生的学习兴趣和积极性。这些方法有助于学生主动探索和学习，培养他们的创新思维和解决问题的能力。

注重实践体验：我们应鼓励学生参与各种实践活动和志愿服务活动，让他们在实践中学习和成长，培养他们的实践能力和社会责任感。

关注个体差异：我们应尊重学生的个性差异和兴趣爱好，为他们提供个性化的学习方案和发展路径，使每个学生都能在自己的基础上获得最大的发展。

加强家校合作：我们应加强与家长的沟通和合作，共同关注学生的成长和发展，为学生的全面发展提供有力的支持和保障。

4.结语

促进学生的全面发展是一项长期而艰巨的任务，需要全社会的共同努力和持续投入。我们应始终坚持以人为本的教育理念，关注学生的全面发展需求，为他们提供优质的教育资源和成长环境。只有这样，我们才能培养出德智体美劳全面发展的社会主义建设者和接班人，为国家的繁荣富强和民族的伟大复兴贡献我们的力量。

以下是一个关于融合教育模式的具体案例分析，这个案例展示了如何在教育实践中有效应用融合教育模式，以促进学生的全面发展。

※【案例】

坂田小学融合教育资源中心教学案例分享

一、案例背景

坂田小学融合教育资源中心于2024年7月8日下午在学校礼堂开展了精彩纷呈的教学案例分享活动。此次活动旨在展示融合教育模式在实际教学中的应用效果，通过多方支持帮助随班就读学生融入集体学习生活，实现师生共同成长。

二、案例详情

（一）多学科融合教学实践

1.案例一：黄家兴老师的《耕耘心田，成长有痕》

内容：通过个案分享，展示多方支持如何帮助随班就读学生融入集体学习生活。

特点：融合心理学、教育学等多学科知识，制定个别化教育教学方案，实现师生共同成长。

2.案例二：文琼洋老师的《秋风吹吹》

内容：通过唱游与律动课程中音乐与康复的融合，分析音乐治疗在特殊教育中的应用。

特点：将艺术与康复医学相结合，创新教学方法，提升学生的身心健康。

（二）教学方法创新

1.案例三：岳琴老师的《"老虎"原来是只纸老虎》

内容：通过日常工作中的坚持与努力，展示家长与教师合力共同陪伴学生成长的过程。

特点：强调情感支持与持续陪伴的重要性，采用情感教学法，帮助学生建立自信心。

2.案例四：谢江平老师的《认识直梯》

内容：通过情境模拟，帮助学生直观地了解直梯按键的作用。

特点：利用实物模拟和情境教学，增强学习的实践性和趣味性。

（三）社会技能培养

1.案例五：邹婉莹老师的《认识开心》

内容：通过多元化的活动，助力学生识别、理解、表达开心的情绪。

特点：注重情感教育和社会技能培养，帮助学生建立积极的情绪表达和社交能力。

2.案例六：刘美燕老师的《小米的成长故事》

内容：特需学生（强迫行为）的个案干预，体现心理干预的积极成效。

特点：结合心理学和特殊教育知识，制定个性化干预方案，帮助学生克服心理障碍。

（四）教师团队协作

团队活动：通过团队趣味活动，提升老师们的凝聚力和向心力。如抢零食小队游戏等，不仅考验教师的团队协作能力，还增强了教师间的情感联系。

三、案例成效

学生成长：随班就读学生在多学科融合教学和社会技能培养中，逐步融入集体生活，自信心和社交能力显著提升。

教师发展：教师通过参与融合教育模式的教学实践，提升了专业素养和团队协作能力，增强了教育责任感和使命感。

家校合作：家长积极参与学生的教育过程，与教师形成良好沟通，共同为学生的成长保驾护航。

四、案例启示

融合教育模式的有效性：通过跨学科整合和教学方法创新，融合教育模式能够有效促进学生的全面发展。

个性化教学的重要性：针对每个学生的不同需求和特点制定个别化教育教学方案，是提高教学质量的关键。

家校合作的必要性：家长与教师的紧密合作能够为学生提供更加全面、系统的支持，促进学生的健康成长。

综上所述，坂田小学融合教育资源中心的教学案例分享活动展示了融合教育模式在实际教学中的应用效果和推广价值，为其他学校提供了有益的借鉴和启示。

第二节 构建原则

在当今社会，道德与法治作为维护社会秩序、促进公平正义的重要基石，其教育意义不言而喻。随着教育改革的不断深入，构建道德与法治融合教育模式已成为提升国民素质、培养合格公民的重要途径。然而，如何有效地将道德与法治教育相融合，并形成一个科学、系统、实践性强的教育模式，是我们必须面对和解决的问题。

在此背景下探讨构建道德与法治融合教育模式应遵循的基本原则，主要包括系统性、互动性和实践性等。这些原则不仅是教育模式构建的理论基础，也是指导教育实践的重要准则。通过遵循这些原则，我们可以更好地整合教育资源，优化教育内容和方法，从而提升学生的道德与法治素养，为他们的全面发展奠定坚实基础。

一、系统性原则与整合性原则

在构建道德与法治融合教育模式的过程中，系统性原则与整合性原则是不可或缺的两大基石。它们相互依存，共同为教育模式的科学性和有效性提供了有力保障。

(一) 系统性原则

系统性原则要求我们在构建道德与法治融合教育模式时，必须将其视为一个复杂的系统工程。这意味着，从教育理念的确立、课程内容的编排、教学方法的选择到评价体系的建立，每一个环节都需要进行深入的思考和精心的设计。各要素之间不仅要相互协调，还要相互促进，形成一个有机整体。只有这样，我们才能确保教育模式在整体上达到最佳效果，为学生的全面发展提供有力支持。

在教育理念的层面，我们需要明确道德与法治教育的核心目标，即培养学生的综合素质和社会责任感。这一理念应贯穿整个教育模式的始终，成为指导我们行动的灯塔。

在课程内容的编排上，我们需要注重道德与法治知识的内在逻辑和联系。通过合理的课程结构，使学生能够在学习过程中逐步深入理解道德与法治的精髓，形成完整的知识体系。

在教学方法的选择上，我们需要注重多样性和灵活性。根据不同的教学内容和学生特点，选择合适的教学方法，激发学生的学习兴趣和积极性。同时，我们还需要关注教学方法之间的衔接和配合，确保整个教学过程的顺畅和高效。

在评价体系的建立上，我们需要注重全面性和客观性。通过多维度的评价指标和科学的评价方法，准确反映学生的学习成果和综合素质，为教学改进和学生发展提供有力依据。

(二) 整合性原则

整合性原则强调道德教育与法治教育内容的整合。在传统的教学模式中，道德教育和法治教育往往被视为两个独立的学科，各自为政，缺乏有效的融合。然而，在构建道德与法治融合教育模式时，我们必须打破这种学科界限，将二者有机融合起来。

通过整合道德教育与法治教育的内容，我们可以使学生在学习过程中同时接触到两方面的知识。这样不仅可以拓宽学生的视野，还可以帮助他们建立系统的认知体系。在这种认知体系中，道德与法治不再是孤立的概念，而是相互联系、相互支撑的整体。学生可以在学习中深刻体会到道德与法治的内在联系和共同价值，从而更好地理解和掌握这两方面的知识。

同时，整合性原则还要求我们在教学过程中注重跨学科的合作与交流。通过邀请不同学科的专家和教师共同参与教学设计和实施，我们可以充分利用各学科的优势和资源，为学生提供更加丰富和多元的学习体验。这种跨学科的合作不仅可以促进道德与法治教育的深入发展，还可以推动整个教育体系的创新和进步。

综上所述，系统性原则与整合性原则是构建道德与法治融合教育模式的重要原则。只有遵循这些原则，我们才能确保教育模式的科学性和有效性，为学生的全面发展奠定坚实基础。

（三）系统性原则与整合性原则的应用实例

1. 系统性原则的应用实例

（1）教育目标与计划的系统性

实例描述：某中学在道德与法治教育实践中制定了从初一到高三贯穿始终的系统性教育目标与计划。初一年级注重基础道德规范和法律常识的普及，通过日常行为规范教育、主题班会等形式，帮助学生树立基本的是非观和法律意识。随着年级的升高，教育目标逐渐深化，高三年级则侧重于法治精神的培养和社会责任感的强化，通过模拟法庭、法治辩论赛等活动，提升学生的法治素养和社会实践能力。

（2）课程内容的系统编排

实例描述：某地区在道德与法治课程内容的编排上采用了螺旋式上升的方式，确保各年级之间的知识点相互衔接、逐层深入。例如，在"公民权利与义务"这一主题下，初一年级主要介绍公民的基本权利和义务，让学生形成初步的认知；初二年级则深入探讨权利与义务的关系，引导学生理解权利与义务的统一性；到了高中阶段，则进一步结合社会热点和实际问题，引导学生思考如何正确行使权利和履行义务。

（3）评价体系的系统性构建

实例描述：某学校建立了包括平时表现、课堂互动、作业完成、项目参与等多维度在内的系统性评价体系。在道德与法治课程中，教师不仅关注学生的知识掌握情况，还重视学生的学习态度、价值观形成和社会实践能力等方面的评价。通过定期的学生自评、互评和教师评价相结合，形成对学生全面、客观的评价，为教学改进和学生发展提供依据。

2.整合性原则的应用实例

（1）跨学科整合教学

实例描述：某小学在道德与法治教育实践中积极探索跨学科整合教学。在"环保小卫士"主题活动中，教师不仅引导学生了解环保法律法规，还结合科学课程中的生态知识、语文课程中的环保主题文章等内容，通过实地考察、手工制作、演讲比赛等多种形式，让学生在实践中深化对环保重要性的认识，同时培养他们的法治意识和社会责任感。

（2）校内外资源整合

实例描述：某中学在道德与法治教育中注重校内外资源的整合利用。学校与当地法院、检察院建立合作关系，定期邀请法官、检察官进校园开展法治讲座和模拟法庭活动。同时，学校还组织学生参观监狱、少管所等场所，通过现身说法的方式让学生深刻认识到违法犯罪的严重后果。此外，学校还鼓励学生参与社区服务、志愿者活动等社会实践，将道德与法治教育融入学生的日常生活。

（3）线上线下资源整合

实例描述：随着信息技术的发展，某地区在道德与法治教育中充分利用线上线下资源整合的优势。线上方面，通过建立道德与法治教育网站、微信公众号等平台，发布法律法规知识、案例分析、互动问答等内容，方便学生随时随地进行学习；线下方面，则通过传统课堂教学、实践活动等形式，加强师生互动和情感体验。这种线上线下相结合的方式不仅拓宽了学生的学习渠道，还提高了他们的学习兴趣和参与度。

综上所述，系统性原则与整合性原则在道德与法治教育实践中具有广泛的应用空间。通过系统性地规划教育目标与计划、编排课程内容、构建评价体系，以及整合跨学科资源、校内外资源和线上线下资源等方式，我们可以有效地提升学生的法治素养和道德品质，为他们的全面发展奠定坚实的基础。

（四）系统性原则和整合性原则的具体落实

1. 系统性原则的具体落实

（1）明确教学目标与计划

根据学科特点和课程标准，明确整体教学目标和各阶段的具体教学要求。

制定系统的教学计划，确保教学内容、方法和评估等环节相互衔接、层层递进。

（2）构建逻辑清晰的知识体系

分析学科知识的内在逻辑和结构，确保教学内容的组织和呈现符合学生的认知规律。

注重新旧知识的联系，引导学生建立系统的知识体系。

（3）实施连贯的教学过程

按照教学计划有序地组织教学活动，确保各个环节之间的过渡自然、衔接紧密。

经常进行复习和检查，及时发现和补救学生掌握知识和能力发展中的缺陷。

（4）注重学生的整体发展

在教学过程中关注学生的全面发展，不仅注重知识的传授，还注重能力和情感的培养。

通过多样化的教学活动和评价方式，促进学生的综合素质提升。

2. 整合性原则的具体落实

（1）跨学科内容的整合

寻找不同学科之间的内在联系，将相关内容进行有机整合。

例如，在道德与法治教育中可以融入历史、地理、社会等多学科的知识，使教学内容更加丰富多元。

（2）教学方法与手段的整合

根据教学内容和学生特点选择合适的教学方法和手段，如案例分析、角色扮演、小组讨论等。

注重传统教学手段与现代信息技术的有机结合，如利用多媒体、网络等资源进行辅助教学。

（3）教育资源的整合

充分利用校内外各种教育资源，如图书馆、博物馆、社区资源等。

加强学校与家庭、社会的联系，形成教育合力，共同促进学生的成长和发展。

（4）活动形式的整合

将课堂教学与课外活动、社会实践等多种形式相结合，为学生提供多样化的学习体验。

通过组织主题班会、法治讲座、社会调查等活动，让学生在实践中深化对道德与法治知识的理解和应用。

3.综合应用策略

（1）树立整体观念

在教学过程中始终树立整体观念，将系统性原则和整合性原则贯穿于教学设计的始终。

注重各要素之间的协调与配合，形成一个有机的整体。

（2）灵活调整教学策略

根据实际情况灵活调整教学策略和方法，确保教学目标的实现和教学效果的最优化。

关注学生的学习反馈和表现，及时调整教学计划和方法以适应学生的需求。

（3）注重反思与改进

经常进行教学反思和总结，分析教学过程中的成功经验和不足之处。

针对存在的问题提出改进措施并付诸实践以不断完善教学设计和实施

过程。

通过以上措施的实施可以有效地在教学中落实系统性原则和整合性原则，提升教学质量和效果，促进学生的全面发展。

二、互动性原则与参与性原则

在道德与法治教育的实践中，互动性原则与参与性原则是提升教学质量、激发学生学习兴趣与主动性的关键。

（一）互动性原则

互动性原则强调在教育过程中应注重师生互动与生生互动，通过多样化的互动式教学方法，如案例分析、角色扮演、小组讨论等，来激发学生的学习兴趣和主动性。

1.师生互动

教师应成为学生学习的引导者和伙伴，通过提问、引导、反馈等方式，与学生建立积极的互动关系。这种互动不仅有助于教师及时了解学生的学习情况，还能激发学生的学习兴趣，使他们在轻松愉快的氛围中掌握知识。

2.生生互动

鼓励学生之间的交流与合作，通过小组讨论、合作学习等方式，让学生在互动中相互学习、共同进步。生生互动不仅能培养学生的团队协作能力，还能让他们在交流中深化对道德与法治知识的理解。

3.互动式教学方法

案例分析：选取贴近学生生活的法律案例，引导学生进行分析与讨论，使他们在案例中理解法律原则与道德规范。

角色扮演：通过模拟法庭、社会情境等角色扮演活动，让学生亲身体验法律程序与道德抉择，增强他们的法律意识与道德责任感。

小组讨论：围绕特定主题或问题，组织学生进行小组讨论，鼓励他们发表观点、交流意见，以拓宽视野、深化理解。

（二）参与性原则

参与性原则强调学生应积极参与学习过程，成为学习的主体。通过参与式学习，学生能够更加深入地理解道德与法治知识，并培养自主学习与合作学习的能力。

成为学习主体：鼓励学生主动探索、自主学习，让他们在学习过程中发挥主观能动性，成为知识的探索者与发现者。

参与式学习：通过组织各种活动，如主题班会、法治讲座、社会实践等，让学生积极参与其中，以实践为载体，深化对道德与法治知识的理解与应用。

培养自主学习能力：引导学生学会自主学习，如查阅资料、整理笔记、制定学习计划等，培养他们的独立学习能力与终身学习习惯。

培养合作学习能力：鼓励学生与他人合作，共同完成任务或解决问题，培养他们的团队协作能力与沟通技巧。

综上所述，互动性原则与参与性原则在道德与法治教育中具有重要作用。通过注重师生互动与生生互动、采用互动式教学方法，以及鼓励学生积极参与学习过程，我们可以激发学生的学习兴趣与主动性，使他们在参与过程中深入理解道德与法治的内在联系和实际应用。同时，这些原则的实施还有助于培养学生的自主学习与合作学习能力，为他们的全面发展奠定坚实基础。

(三）互动性原则与参与性原则的应用实例

1. 互动性原则的应用实例

（1）案例分析互动

实例描述：在某节道德与法治课上，教师选取了一个贴近学生生活的法律案例，如"网络欺凌的法律责任"。教师先对案例进行简要介绍，然后引导学生分组进行讨论，分析案例中涉及的法律问题和道德责任。在讨论过程中，教师适时提问，引导学生深入思考，鼓励他们提出自己的见解和疑问。通过案例分析互动，学生不仅加深了对法律知识的理解，还学会了如何运用法律知识解决实际问题。

（2）角色扮演互动

实例描述：为了让学生更好地理解法庭审判程序，某学校组织了一次模拟法庭活动。学生分别扮演法官、检察官、律师、被告等角色，通过模拟真实的法庭审判过程，让学生亲身体验法律的严肃性和公正性。在角色扮演过程中，学生需要运用所学的法律知识进行辩论和陈述，这不仅锻炼了他们的口才和思维能力，还增强了他们的法律意识和法治观念。

（3）小组讨论互动

实例描述：在某次道德与法治课上，教师提出了一个关于社会公德的话题，如"公共场所的文明行为"。然后，教师将学生分成若干小组，每组围绕话题展开讨论。在讨论过程中，学生积极发言，提出自己的看法和意见，并与其他同学进行交流和辩论。通过小组讨论互动，学生不仅拓宽了视野，还学会了如何与他人合作和沟通，培养了团队精神和合作意识。

2. 参与性原则的应用实例

（1）参与式课堂教学

实例描述：在某节道德与法治课上，教师采用了参与式课堂教学方法。教师先提出一个问题或主题，然后引导学生围绕问题进行思考和讨论。在讨论过程中，教师鼓励学生积极发言，提出自己的见解和疑问，并给予及时的反馈和指导。通过参与式课堂教学，学生成为学习的主体，他们的学习积极性和主动性得到了充分的发挥。

(2) 社会实践活动参与

实例描述：为了让学生更好地了解社会法治现状，某学校组织学生参加了社区法治宣传活动。学生走出校园，走进社区，向居民宣传法律知识，解答法律问题。通过参与社会实践活动，学生不仅加深了对法律知识的理解，还锻炼了自己的社会实践能力和沟通能力。同时，他们也深刻体会到了法律在社会生活中的重要作用，增强了法治观念和法律意识。

(3) 自主学习项目参与

实例描述：为了培养学生的自主学习和合作学习能力，某学校开展了道德与法治自主学习项目。学生可以根据自己的兴趣和需求，选择相应的主题进行研究和学习。在学习过程中，学生需要自主查阅资料、收集信息、整理资料，并与其他同学进行交流和合作。通过参与自主学习项目，学生不仅提高了自主学习和合作学习的能力，还加深了对道德与法治知识的理解和应用。

综上所述，互动性原则与参与性原则在道德与法治教育实践中具有重要的作用。通过案例分析互动、角色扮演互动、小组讨论互动等互动式教学方法，以及参与式课堂教学、社会实践活动参与、自主学习项目参与等参与式学习方式，我们可以有效地激发学生的学习兴趣和主动性，使他们在参与过程中深入理解道德与法治的内在联系和实际应用。同时，这些原则的应用还有助于培养学生的自主学习、合作学习和社会实践能力等综合素养。

（四）互动性原则和参与性原则的具体落实

1.营造互动与参与的学习环境

(1) 建立平等、尊重的师生关系

教师应树立以学生为中心的观念，尊重每一位学生的意见和想法，鼓励学生表达自己的观点和疑问。

建立开放、包容的课堂氛围，让学生感受到自己的参与是被重视和鼓励的。

(2) 明确教学目标与任务

在课前明确告知学生本节课的教学目标、学习任务及预期成果，让学生有清晰的学习方向。

设计符合学生认知水平和学习需求的教学活动，确保活动的目的性和有效性。

2.采用多样化的互动与参与式教学方法

(1) 案例分析法

选取贴近学生生活或具有典型意义的案例，引导学生进行分析和讨论，让学生在具体情境中理解道德与法治知识。

鼓励学生从不同角度思考问题，提出解决方案，培养他们的批判性思维和创新能力。

(2) 角色扮演法

通过模拟法庭、社会场景等角色扮演活动，让学生亲身体验法律程序、道德抉择等过程，增强他们的法律意识和道德责任感。

在角色扮演中注重学生的情感体验和反思过程，引导他们深入思考角色背后的价值观和行为规范。

(3) 小组讨论法

将学生分成若干小组，围绕特定主题或问题进行讨论和交流，鼓励他们相互启发、共同探究。

教师应在讨论过程中给予适时的引导和反馈，确保讨论的有序进行和深入发展。

(4) 合作学习法

组织学生共同完成某项学习任务或项目，如制作法治宣传海报、开展社会调查等，培养他们的团队协作能力和实践能力。

在合作过程中注重学生的分工与合作，确保每位学生都能发挥自己的特长和优势。

3.提供个性化反馈与激励

（1）及时反馈与指导

教师应对学生的课堂表现、作业完成情况等给予及时的反馈和指导，帮助他们明确自己的优点和不足。

针对不同学生的特点和需求提供个性化的建议和支持，激发他们的学习兴趣和动力。

（2）激励与表扬

通过表扬和奖励等方式激励学生积极参与课堂活动和学习任务，让他们感受到自己的努力和贡献得到认可。

鼓励学生自评和互评，培养他们的自我反思和相互学习的能力。

4.关注学生的学习状态与需求

（1）关注学生的学习状态

教师应时刻关注学生的学习状态和心理变化，及时发现并解决他们遇到的问题和困难。

通过与学生的沟通和交流了解他们的学习需求和期望，为他们提供更加贴心的教学服务。

（2）提供必要的学习资源和支持

为学生提供丰富多样的学习资源和支持，如图书资料、网络资源、学习工具等，帮助他们更好地完成学习任务。

建立学习互助小组或学习社群，让学生在相互帮助和交流中共同成长和进步。

综上所述，在教学中具体落实互动性和参与性原则需要教师从营造学习环境、采用多样化的教学方法、提供个性化反馈与激励和关注学生的学习状态与需求等多个方面入手，以激发学生的学习兴趣和主动性，促进他们的全面发展。

三、实践性原则与体验性原则

在道德与法治教育中,实践性与体验性原则是提升教学质量、增强学生素养的关键。

(一)实践性原则

实践性原则强调道德与法治教育的实践导向,旨在通过实践活动和社会实践等方式,让学生在亲身体验中深化对道德与法治的理解。

1.实践活动的意义

实践活动是连接知识与生活的桥梁,能够帮助学生将抽象的道德与法治知识转化为具体的行为准则。

通过实践,学生能够更好地理解道德与法治在社会生活中的实际应用,从而增强他们的实践能力和社会责任感。

2.实践活动的形式

实践活动可以包括模拟法庭、社会调查、志愿服务等多种形式,这些活动能够让学生在实践中学习和运用道德与法治知识。

通过参与实践活动,学生能够锻炼自己的组织能力、沟通能力和解决问题的能力,为未来的社会生活做好准备。

3.实践活动的实施

教师应积极创设实践机会,鼓励学生参与实践活动,并提供必要的指导和支持。

在实践活动中,教师应注重学生的主体性和创造性,让他们在实践中自主探索、合作学习,从而培养他们的创新意识和团队精神。

（二）体验性原则

体验性原则注重学生的情感体验和道德体验，旨在通过创设贴近学生生活的情境和案例，让学生在体验中感受道德与法治的力量和价值。

1.情感体验的重要性

情感体验是道德认知的基础，能够激发学生的道德情感和道德动机，从而增强他们的道德认同感和法治观念。

通过情感体验，学生能够更加深刻地理解道德与法治的内在价值和意义，从而更加自觉地遵守道德规范和法律原则。

2.体验性教学的实施

教师应注重创设贴近学生生活的情境和案例，让学生在熟悉的环境中感受道德与法治的力量和价值。

在教学过程中，教师应关注学生的情感体验和反应，及时调整教学策略和方法，以确保教学效果的最优化。

教师还可以通过角色扮演、情境模拟等方式，让学生在体验中学习和运用道德与法治知识，从而增强他们的学习兴趣和积极性。

综上所述，实践性原则与体验性原则在道德与法治教育中具有重要作用。通过注重实践活动的设计和实施，以及关注学生的情感体验和道德体验，我们能够更好地激发学生的学习兴趣和积极性，帮助他们在实践中深化对道德与法治的理解和应用。同时，这两个原则的实施还有助于培养学生的实践能力和社会责任感，增强他们的道德认同感和法治观念，为他们的全面发展奠定坚实基础。

（三）实践性原则与体验性原则的具体运用

1.实践性原则的具体运用

（1）设计实践活动

教师应根据道德与法治教育的目标和内容，精心设计具有针对性和实用性的实践活动。这些活动可以包括模拟法庭、社区服务、社会调查、法治宣传等多种形式，旨在让学生在实践中学习和应用所学知识。

实践活动的设计应充分考虑学生的年龄、兴趣和认知水平，确保活动的可行性和有效性。

（2）提供实践机会

学校和教师应积极为学生创造实践机会，如与法院、检察院、社区等机构建立合作关系，为学生提供参观、实习、志愿服务等实践平台。

鼓励学生参与各类社会实践和志愿服务活动，让他们在实践中体验社会、服务社会，增强社会责任感和实践能力。

（3）注重实践指导

在实践活动中，教师应给予学生必要的指导和支持，确保活动的顺利进行和有效实施。

教师应关注学生的实践过程和实践成果，及时给予反馈和评价，帮助学生发现问题、解决问题，提升实践效果。

（4）强化实践反思

实践活动结束后，教师应组织学生进行反思和总结，分享实践经验和感受。

通过反思和总结，帮助学生深化对道德与法治知识的理解，提升实践能力和综合素质。

2.体验性原则的具体运用

（1）创设贴近生活的情境

在教学过程中，教师应注重创设贴近学生生活的情境和案例，让学生在熟悉的环境中感受道德与法治的力量和价值。

通过情境模拟、角色扮演等方式，让学生在体验中学习和理解道德与法治知识，增强学习兴趣和积极性。

(2) 注重情感体验

教师应关注学生的情感体验和反应，通过情感引导、情感共鸣等方式，激发学生的道德情感和法治观念。

通过情感体验，让学生更加深刻地理解道德与法治的内在价值和意义，增强道德认同感和法治观念。

(3) 强化互动体验

在教学过程中，教师应注重师生互动和生生互动，通过案例分析、小组讨论、合作探究等方式，让学生在互动中体验和感悟道德与法治知识。

通过互动体验，培养学生的合作精神和沟通能力，提升学习效果和综合素质。

(4) 结合生活实例

教师应结合生活实例进行讲解和分析，让学生更好地理解道德与法治知识在实际生活中的应用。

引导学生关注社会热点和现实问题，用道德与法治知识分析和解决问题，提升实践能力和社会责任感。

综上所述，实践性原则与体验性原则在教学实践中的具体运用需要教师的精心设计、积极引导和有效反馈。通过实践活动和情境创设等方式，让学生在体验中学习和感悟道德与法治知识，增强学习兴趣和积极性；同时，通过情感引导、互动体验和生活实例的结合，培养学生的实践能力和综合素质，为他们的全面发展奠定坚实基础。

（四）实践性原则与体验性原则的具体落实

1.实践性原则的具体落实

(1) 设计实践活动

根据道德与法治教育的内容和目标，设计具有针对性和实效性的实践活动。

实践活动可以包括模拟法庭、社区服务、社会调查、法治宣传等多种形式，旨在让学生在实践中应用和检验所学知识。

（2）整合实践资源

充分利用学校、社区、社会资源，为学生提供丰富的实践机会和平台。

与相关机构建立合作关系，如法院、检察院、社区服务中心等，为学生提供实践基地和指导支持。

（3）强化实践指导

在实践活动中，教师应给予学生必要的指导和帮助，确保实践活动的顺利进行和有效实施。

引导学生分析实践中的问题，培养他们解决问题的能力和创新能力。

（4）注重实践反馈

在实践活动结束后，及时组织学生进行反馈和总结，让他们分享实践经验和感受。

通过反馈和总结，帮助学生深化对道德与法治知识的理解和应用，提升他们的实践能力和社会责任感。

2.体验性原则的具体落实

（1）创设贴近生活的情境

在教学过程中，创设贴近学生生活的情境和案例，让学生在熟悉的环境中感受道德与法治的力量和价值。

通过情境模拟、角色扮演等方式，让学生亲身体验道德规范和法律原则在实际生活中的应用。

（2）注重情感体验

在教学过程中关注学生的情感体验，引导他们感受道德规范和法律原则对个体和社会的重要性。

通过情感共鸣和情感体验，增强学生的道德认同感和法治观念。

（3）开展道德体验活动

组织学生参加道德体验活动，如志愿服务、慈善捐赠等，让他们在活动中体验道德行为带来的快乐和成就感。

通过道德体验活动，培养学生的同情心和责任感，提升他们的道德素养和社会责任感。

（4）结合生活实例进行教学

在教学过程中结合生活实例进行讲解和分析，让学生更好地理解道德与法治知识在实际生活中的应用。

引导学生关注社会热点和现实问题，培养他们用道德与法治知识分析和解决问题的能力。

综上所述，要具体落实实践性原则与体验性原则，教师需要注重实践活动的设计和实施，充分利用各种资源为学生提供实践机会；同时，关注学生的情感体验和道德体验，通过创设贴近生活的情境和案例、开展道德体验活动等方式，让学生在体验中感受道德与法治的力量和价值。这些措施有助于提升学生的实践能力和社会责任感，增强他们的道德认同感和法治观念。

四、发展性原则与个性化原则

在道德与法治融合教育模式中，发展性原则与个性化原则是两个至关重要的教育理念，它们共同指引着教育实践的方向，旨在培养具有全面素质和个性化发展的学生。

（一）发展性原则

发展性原则强调关注学生的长远发展，注重培养他们的综合素质和可持续发展能力。这一原则要求教育者在教学过程中，不仅要传授道德与法治知识，更要关注学生的成长需求和发展特点，为他们提供适合自身发展的教育资源和支持。

综合素质培养：道德与法治融合教育致力于提升学生的综合素质，包括思想道德素质、法治素养、社会责任感、实践能力等。教育者应设计综合性的教学活动,让学生在掌握基础知识的同时能够运用所学知识解决实际问题,形成全面发展的能力。

可持续发展能力:在快速发展的社会中,学生需要具备适应变化、持续学习的能力。道德与法治教育应引导学生树立终身学习的观念,培养他们的自主学习能力和创新精神,使他们在未来的职业生涯中能够持续成长和发展。

关注成长需求:教育者应关注学生的个体差异和成长需求,为他们提供个性化的学习支持和指导。通过了解学生的兴趣、特长和发展目标,教育者可以调整教学内容和方法,激发学生的学习兴趣和积极性,促进他们的全面发展。

(二) 个性化原则

个性化原则尊重学生的个性差异和兴趣爱好,因材施教,旨在满足不同学生的学习需求和发展目标,促进他们的个性化成长和发展。

尊重个性差异:每个学生都是独一无二的个体,他们具有不同的性格特点、兴趣爱好和学习方式。教育者应尊重学生的个性差异,理解他们的学习需求和困难,为他们提供个性化的学习资源和支持。

因材施教:根据学生的学习能力和兴趣特点,教育者应采用灵活多样的教学方法和评价方式。例如,对于学习能力较强的学生,可以提供更具挑战性的学习任务;对于学习兴趣浓厚的学生,可以引导他们深入探究相关主题;对于学习困难的学生,应给予更多的关注和支持,帮助他们克服学习障碍。

促进个性化成长:通过个性化的教育实践,学生可以在适合自己的学习环境中自由成长和发展。他们可以根据自己的兴趣和特长选择学习方向和目标,形成独特的知识结构和能力体系。这种个性化的成长方式不仅能够满足学生的学习需求和发展目标,还能够激发他们的创新精神和创造力。

总之,发展性原则与个性化原则在道德与法治融合教育模式中具有重要地位。它们共同指引着教育实践的方向,要求教育者关注学生的长远发展和个性差异，为他们提供适合自身发展的教育资源和支持。通过实施这些原则，可以培养出具有全面素质和个性化发展的学生，为社会的可持续发展贡献人才力量。

（三）发展性原则与个性化原则的具体应用

1.发展性原则的具体应用

（1）综合素质培养目标的确立

明确道德与法治教育的长远目标，不仅限于知识的传授，更注重学生综合素质的提升。这包括思想道德素质、法治观念、社会责任感、实践能力等多方面的发展。

（2）课程内容与教学方法的创新

设计具有发展性的课程内容，融入时事热点、社会现象等，引导学生关注社会发展，培养其分析问题和解决问题的能力。

采用多样化的教学方法，如案例分析、角色扮演、小组讨论等，激发学生的学习兴趣，促进其主动学习和思考。

（3）持续学习与自我发展的引导

鼓励学生树立终身学习的观念，培养其自主学习能力和创新精神。通过布置课外阅读、社会实践等任务，让学生在实践中不断探索和学习。

引导学生关注个人成长规划，帮助他们明确自己的发展目标，并提供相应的指导和支持。

2.个性化原则的具体应用

（1）学生个体差异的尊重与理解

深入了解学生的性格特点、兴趣爱好和学习习惯，尊重其个体差异，为每个学生提供个性化的学习建议和支持。

（2）个性化教学方案的制定

根据学生的学习需求和特点，制定个性化的教学方案。这包括教学内容的调整、教学方法的选择和学习进度的安排等。

例如，对于学习兴趣浓厚的学生，可以引导他们深入探究道德与法治领域的某一特定主题；对于学习困难的学生，则提供更多的辅导和支持，帮助他们克服学习障碍。

(3) 多元化评价体系的建立

建立多元化的评价体系，不仅关注学生的考试成绩，更注重评价其学习态度、实践能力、创新精神等多方面的表现。

采用自我评价、同伴评价、教师评价等多种评价方式，全面了解学生的学习情况和发展需求，为个性化教学提供依据。

(4) 个性化学习资源的提供

为学生提供个性化的学习资源，如适合其阅读水平的书籍、与其兴趣相关的视频资料等，以满足其多样化的学习需求。

(5) 家校合作的加强

加强家校合作，与家长共同关注学生的个性发展，共同为学生提供个性化的成长环境。通过家长会、家访等方式，及时了解学生在家庭中的表现和需求，为个性化教学提供有力支持。

综上所述，发展性原则与个性化原则在道德与法治教育中的具体应用涉及多个方面，包括培养目标的确立、课程内容与教学方法的创新、持续学习与自我发展的引导、学生个体差异的尊重与理解、个性化教学方案的制定、多元化评价体系的建立、个性化学习资源的提供和家校合作的加强等。这些措施共同构成了一个促进学生全面发展和个性化成长的良好教育环境。

(四) 发展性原则与个性化原则的具体落实

1.发展性原则的具体落实

(1) 明确长远发展目标

确立道德与法治教育的长远发展目标，强调综合素质和可持续发展能力的培养。这包括思想道德素质、法治观念、社会责任感、实践能力等多个维度。

（2）课程内容与教学方法的革新

不断更新课程内容，融入最新的社会热点、法律法规和道德观念，确保教育的时效性和前瞻性。

采用多样化的教学方法，如案例教学、情境教学、项目式学习等，激发学生的学习兴趣，培养其主动学习和批判性思维能力。

（3）实践活动的强化

鼓励学生参与社会实践活动，如社区服务、法治宣传、模拟法庭等，将所学知识应用于实际情境中，增强其实践能力和社会责任感。

（4）持续学习与自我发展的引导

引导学生树立终身学习的观念，通过课外阅读、在线课程、学术讲座等方式不断拓宽知识视野。

帮助学生制定个人成长规划，明确发展目标，提供必要的指导和支持，促进其自我发展。

2.个性化原则的具体落实

（1）深入了解学生需求

通过日常观察、问卷调查、一对一交流等方式，深入了解学生的兴趣爱好、学习风格和能力水平，为个性化教学提供依据。

（2）个性化教学方案的制定

根据学生的个体差异，制定个性化的教学方案。这包括教学内容的调整、教学方法的选择、学习进度的安排等，以满足不同学生的学习需求。

（3）多元化的评价体系

建立多元化的评价体系，不仅关注学生的考试成绩，还注重评价其学习态度、创新能力、团队合作等多方面的表现。

采用自我评价、同伴评价、教师评价等多种方式，让学生更全面地了解自己的优势和不足，促进个性化发展。

（4）个性化学习资源的提供

为学生提供丰富多样的个性化学习资源，如适合其阅读水平的书籍、与其兴趣相关的视频资料、在线学习平台等，以满足其多样化的学习需求。

(5) 家校合作，共同促进个性化发展

加强与家长的沟通和合作，共同关注学生的个性发展和学习需求。通过家长会、家访等方式，及时了解学生在家庭中的表现和需求，为个性化教学提供有力支持。

(6) 差异化教学策略的实施

在课堂教学中实施差异化教学策略，如分层教学、小组合作学习等，让不同水平的学生都能在适合自己的学习环境中获得成长和发展。

(7) 鼓励创新思维和批判性思考

在教学过程中鼓励学生进行创新思维和批判性思考，培养其独立思考和解决问题的能力。通过设计开放性问题、引导学生进行讨论和辩论等方式，激发学生的思维活力。

综上所述，落实发展性原则与个性化原则需要教育者具备高度的责任感和使命感，不断探索和创新教育教学方法，关注学生的个体差异和发展需求，为其提供个性化的学习支持和指导，促进其全面发展和个性化成长。

五、协同性原则与开放性原则

协同性原则与开放性原则是教育、组织管理和系统发展中的重要指导原则，它们分别强调了不同元素之间的协同合作，以及系统与外界环境的开放交流。

（一）协同性原则

协同性原则强调的是系统内部各元素之间的相互支持和合作，以实现整体系统的优化和高效运转。在教育、组织管理和系统发展等领域，协同性原则的具体表现包括：

目标一致性：系统内的各个组成部分或个体虽然有着不完全相同的目标，但在一个协同系统内，这些目标需要相互支持、相互协调，共同服务于整体系统的长远目标。例如，在教育系统中，教师、学生、家长等各方需要协同合作，共同促进学生的全面发展。

资源共享：协同性原则要求系统内的资源能够得到有效配置和共享，避免资源的浪费和重复建设。通过资源共享，不同组成部分或个体能够相互支持，实现整体系统的效益最大化。

信息流通：协同系统内部需要建立有效的信息流通机制，确保信息能够及时、准确地传递。这有助于各组成部分或个体了解彼此的情况和需求，从而做出更加合理的决策和行动。

相互支持：协同性原则还强调个体或组成部分之间的相互支持。在一个系统内，每个小的群体或个体都可能在某些方面存在不足，但通过相互支持可以弥补这些不足，实现整体系统的优化和高效运转。

（二）开放性原则

开放性原则是指一个系统能够与外界环境进行开放交流，不断吸收新的思想、技术、资源等，以推动系统的持续发展和创新。在教育、组织管理和系统发展等领域，开放性原则的具体表现包括：

思想开放：系统需要保持思想的开放性，鼓励内部成员勇于接受新事物、新观念，不断挑战传统和常规。这种思想开放有助于系统内部的创新和发展。

技术交流：系统应积极与外界进行技术交流，引进和吸收先进的技术成果，提升自身的技术水平和竞争力。同时，系统内部也需要加强技术交流和合作，共同推动技术的进步和创新。

资源共享：除了系统内部的资源共享外，开放性原则还要求系统能够与外界环境进行资源共享。通过资源共享，系统可以获取更多的外部资源支持，推动自身的发展和创新。

环境适应：一个开放的系统需要具备较强的环境适应能力，能够及时调整自身的战略、结构和功能，以适应外部环境的变化和挑战。这种环境适应能力有助于系统保持持续发展和竞争力。

综上所述，协同性原则与开放性原则是教育、组织管理和系统发展中的重要指导原则。它们分别强调了系统内部各元素之间的相互支持和合作，以及系统与外界环境的开放交流，对于推动系统的持续发展和创新具有重要意义。

（三）协同性原则和开放性原则的具体应用

1.协同性原则的具体应用

（1）目标协同

确立道德与法治教育的共同目标，即培养学生的道德观念、法治意识和社会责任感。这一目标应贯穿于整个教育过程中，确保所有教学活动都围绕其展开。

（2）内容协同

道德与法治教育内容应相互融合、相互渗透。例如，在讲解法律知识时，可以融入相关的道德案例，让学生理解法律背后的道德价值；在培养道德观念时，可以引用法律条文作为支撑，增强道德教育的说服力。

（3）方法协同

采用多样化的教学方法，如案例教学、情境教学、角色扮演等。这些方法能够协同作用于学生，提升他们的学习兴趣和参与度。同时，教师应根据教学内容和学生特点灵活选择教学方法，确保教学效果的最大化。

（4）家校协同

加强学校与家庭之间的协同合作，共同关注学生的道德与法治教育。学校可以通过家长会、家访等方式与家长保持沟通，分享学生在校表现和教育建议；家长也应积极参与学校的教育活动，配合学校做好学生的家庭教育工作。

（5）社会协同

利用社会资源，如法院、检察院、社区等，为学生提供实践机会和法治教育体验。通过参观学习、模拟法庭等形式，让学生近距离接触法律实践，增强他们的法治意识和实践能力。

2.开放性原则的具体应用

（1）思想开放

教师应保持开放的心态，积极学习和吸收新的教育理念和教学方法。同时，鼓励学生敢于质疑、勇于创新，培养他们的批判性思维和创新能力。

（2）内容开放

道德与法治教育内容应与时俱进，反映社会现实和热点问题。教师可以根据社会发展和学生需求灵活调整教学内容，引入鲜活的案例和事件进行分析讨论。

（3）方法开放

采用开放的教学方法，如小组讨论、辩论赛、项目式学习等，让学生在互动交流中提升道德认知和法治素养。同时，鼓励学生利用网络资源进行自主学习和探究学习。

（4）环境开放

营造开放的学习环境，让学生在轻松愉悦的氛围中学习道德与法治知识。学校可以建设法治教育基地、道德讲堂等场所，为学生提供丰富的学习资源和实践平台。

（5）评价开放

建立开放的评价体系，不仅关注学生的考试成绩，还注重评价他们的学习态度、实践能力、创新能力等多方面的表现。通过多元化的评价方式，全面客观地反映学生的道德与法治素养水平。

综上所述，协同性原则与开放性原则在道德与法治教育中的应用是多方面的、综合性的。通过目标协同、内容协同、方法协同、家校协同和社会协同等措施的应用可以加强教育的协同性；通过思想开放、内容开放、方法开放、环境开放和评价开放等措施的应用可以增强教育的开放性。

（四）协同性原则的具体落实

构建协同教育体系：建立由学校、家庭、社会三方参与的协同教育机制。学校应定期举办家长会，分享教育理念，听取家长意见；同时，邀请社区、法律机构等社会资源进校园，开展法治教育活动，形成教育合力。

整合课程内容：道德与法治课程应与其他学科相融合，如历史、语文等，通过跨学科教学，增强学生对道德与法治知识的理解和应用能力。教师应共同备课，探讨如何将协同理念融入日常教学。

强化师生互动：鼓励学生参与课堂讨论，发表个人见解，教师则以引导者和合作者的身份，促进学生之间的思想碰撞，培养学生的批判性思维和团队协作能力。

实施项目式学习：围绕道德与法治主题，组织学生开展项目研究，如模拟法庭、社区服务项目等，通过团队合作完成任务，增强学生的实践能力和社会责任感。

（五）开放性原则的具体落实

开放教学内容：紧跟时代步伐，及时更新教学内容，引入最新的法律法规、社会热点问题，使教学内容更加贴近学生生活实际，激发学生的学习兴趣。

采用开放教学方法：利用信息技术手段，如在线课程、虚拟现实技术等，拓宽教学渠道，为学生提供多样化的学习体验。同时，鼓励学生利用网络资源进行自主学习，培养终身学习的习惯。

建立开放评价体系：除了传统的考试评价，还应引入学生自评、互评、教师评价和社会评价等多元评价方式，全面评估学生的道德与法治素养，促进学生个性化发展。

促进文化交流：组织学生参与国际交流活动，了解不同国家的法律文化和道德观念，培养学生的国际视野和跨文化交流能力。同时，邀请外籍专家或留学生来校讲座，增进学生对多元文化的理解和尊重。

构建道德与法治融合教育模式需要遵循系统性、整合性、互动性、参与性、实践性、体验性、发展性、个性化、协同性和开放性等原则。这些原则相互关联、相互促进，共同构成了道德与法治融合教育模式的基本框架和指导思想。

第三节　构建方法

构建道德与法治融合教育模式是一个系统工程，涉及课程设计、教学方法、评价方式等多个方面。

一、课程设计

1. 明确教育目标

将道德教育与法治教育的目标统一起来，旨在培养学生的道德品质、法治观念和社会责任感。

强调学生综合素质的提升，注重知识、能力、态度和价值观的全面发展。

2. 整合课程内容

深入挖掘教材中的道德与法治融合点，将二者有机融合，形成跨学科的教学主题。

结合时事新闻、社会热点等课外资源，丰富教学内容，增强教学的时效性和针对性。

设计贴近学生生活实际的教学案例和情境，引导学生关注社会现象和问题，培养他们的道德判断力和法治意识。

3.构建课程体系

根据学生的年龄特点和认知水平，构建分层次、递进式的课程体系。确保教学内容既符合学生的认知规律，又能满足他们的发展需求。

注重课程的连贯性和系统性，确保不同年级、不同学期的教学内容相互衔接、相互促进。

二、教学方法

1.互动式教学法

采用案例分析、角色扮演、小组讨论等互动式教学方法，激发学生的学习兴趣和主动性。

鼓励学生在参与过程中积极思考、勇于表达，培养他们的批判性思维和沟通能力。

2.情境教学法

创设贴近学生生活实际的教学情境，让学生在情境中感受道德与法治的魅力和力量。

通过情境模拟、现场教学等方式，增强学生的实践能力和社会责任感。

3.信息技术融合法

充分利用多媒体和信息技术手段，如制作精美的PPT、播放相关视频和音频资料等，使课堂更加生动有趣。

利用网络平台和资源，开展线上线下融合教学，拓宽学生的学习渠道和视野。

三、评价方式

1. 多元化评价体系

建立自我评价、同伴评价、教师评价、家长评价等多种评价方式相结合的多元化评价体系。

强调过程评价与结果评价相结合,不仅关注学生的学习成果,还重视学生在学习过程中的表现和努力程度。

2. 注重综合评价

综合考虑学生的知识水平、能力发展、情感态度和价值观等多个方面进行评价。

强调评价的全面性、客观性和公正性,避免单一评价标准的局限性。

3. 反馈与指导

及时向学生反馈评价结果,指出他们的优点和不足,并提供具体的改进建议和指导。

鼓励学生进行自我反思和总结,培养他们的自主学习能力和自我提升意识。

四、其他支持措施

1. 加强师资培训

定期组织教师参加道德与法治融合教育的专业培训,提升他们的专业素养和教学能力。

鼓励教师进行教学研究和创新实践,探索适合学生特点和需求的教学方法和模式。

2.家校合作共育

建立家校合作机制,加强家长与学校的沟通和联系,共同关注学生的学习和生活情况,形成教育合力。

组织家长参与学校的道德与法治教育活动,如法治讲座、亲子阅读等,共同营造良好的教育氛围。

3.完善政策支持

争取政府和社会各界的支持和关注,为道德与法治融合教育提供政策和经费保障。

推动相关政策和制度的完善和创新,为道德与法治融合教育的深入实施提供有力支持。

通过以上措施的实施,可以构建起科学、系统、有效的道德与法治融合教育模式,为培养学生的道德品质和法治观念提供有力支持。

第三章 道德与法治融合教育模式的实施策略

在当今快速发展的社会背景下，道德与法治教育的重要性日益凸显。道德与法治不仅是维护社会稳定、促进公平正义的基石，更是培养公民良好品行和社会责任感的重要途径。小学阶段作为学生思想道德品质形成的关键时期，其道德与法治教育的成效直接影响到学生未来的成长与发展。因此，探索并实践一种高效、科学的道德与法治融合教育模式，成为当前教育领域亟待解决的重要课题。

传统的道德与法治教育往往侧重于知识的传授和理论的说教，忽视了学生实际生活中的道德实践与法治体验。这种单一的教学模式难以有效激发学生的道德情感，培养其法治意识，更难以将道德与法治观念内化为学生的自觉行为准则。因此，构建一种将道德与法治教育有机融合、注重学生实践体验的教学模式显得尤为迫切。

道德与法治融合教育模式的实施策略，旨在通过创新教学方法、丰富教学资源、强化实践环节等手段，打破传统教学的界限，使道德与法治教育更加贴近学生生活实际，更加符合学生成长需求。这一模式的实施，不仅能够提升学生的道德素养和法治意识，促进其全面发展，还能够为培养具有社会责任感、法治精神和良好道德修养的公民奠定坚实基础。

本章内容将围绕道德与法治融合教育模式的实施策略展开深入探讨，旨在通过理论分析与实践案例相结合的方式，为广大教育工作者提供有益的参考和借鉴。我们相信，通过共同努力，道德与法治融合教育模式必将在促进学生全面发展、构建和谐社会方面发挥重要作用。

第一节　实施准备

实施道德与法治融合教育模式前,需要做的准备工作至关重要,这些工作直接关系到教育模式能否顺利推进并取得预期效果。在正式推行道德与法治融合教育模式之前,充分的准备工作是确保该模式有效实施并取得预期成效的关键。

一、明确目标与理念

明确目标与理念是任何项目或教育改革成功的关键一步,特别是在实施道德与法治融合教育模式时,这一步骤尤为重要。

（一）核心价值

德育为先,法治为基:我们坚信,道德与法治教育是培养学生成为有责任感、有担当公民的基础。通过融合教育模式,我们旨在培养学生的高尚道德情操和牢固法治观念,使他们成为既有爱心又有责任感,既懂法又守法的新时代青年。

（二）长远目标

1.构建系统化融合课程体系

目标描述：在三年内，开发并实施一套涵盖小学至高中的系统化道德与法治融合课程体系，确保每个年级、每个学期都有明确的教学目标、教学内容和教学方法。

可操作性：制定详细的课程开发计划，包括时间表、责任分配、资源需求等。同时，建立课程评估机制，定期收集学生、教师和家长的反馈，以不断优化课程内容。

可衡量性：通过学生考试成绩、课堂参与度、行为表现等多维度指标来评估课程效果。

激励措施：为参与课程开发的教师提供奖励和晋升机会，鼓励学生积极参与课堂互动和课外活动。

2.提升教师队伍专业素养

目标描述：通过持续的专业培训和实践锻炼，提升教师队伍在道德与法治融合教育方面的专业素养和教学能力。

可操作性：制定详细的师资培训计划，包括培训内容、培训方式、培训时间等。同时，建立教师交流平台，鼓励教师分享教学经验和心得。

可衡量性：通过教师教学质量评估、学生满意度调查等方式来评估教师培训效果。

激励措施：为表现优秀的教师提供奖励和表彰，鼓励教师积极参与教学研究和创新。

3.培养学生综合素养

目标描述：通过道德与法治融合教育，培养学生的道德素养、法治观念、社会责任感和创新精神，使他们成为全面发展的人才。

可操作性：制定具体的学生培养计划，包括课外活动、社会实践、志愿服务等。同时，建立学生综合素养评价体系，定期评估学生的综合素养水平。

可衡量性：通过学生的行为表现、学业成绩、社会实践报告等多维度指标来评估学生综合素养的提升情况。

激励措施：为表现优秀的学生提供奖学金、荣誉证书等奖励，鼓励学生积极参与各种实践活动和竞赛。

4.加强家校社合作

目标描述：建立学校、家庭、社会三方联动的教育机制，共同为学生的道德与法治教育提供支持。

可操作性：制定家校合作计划，明确家长在道德与法治教育中的责任和作用。同时，积极与社区、司法机关等建立合作关系，开展联合教育活动。

可衡量性：通过家长满意度调查、社区反馈等方式来评估家校社合作的效果。

激励措施：为积极参与家校社合作的家长和社区成员提供表彰和奖励，鼓励更多的家长和社区成员参与到学生的道德与法治教育中来。

通过以上阐述，我们清晰地展示了道德与法治融合教育模式的实施准备所追求的核心价值和期望达成的长远目标。这些目标和理念不仅具有可操作性和可衡量性，而且能够有效激励团队成员及相关利益方共同努力，推动融合教育模式的顺利实施和持续发展。

※ 案例

一、核心价值

德法并重，全面发展：强调道德与法治教育并重，旨在培养学生既具备高尚的道德品质，又具备牢固的法治观念，实现德智体美劳全面发展。

二、长远目标

（一）构建融合课程体系

在三年内，构建一套完整、系统的道德与法治融合课程体系，确保课程内容既有道德的引导，又有法治的约束，两者相辅相成，共同作用于学生的成长。

可衡量性：通过课程评估体系，定期评估融合课程的实施效果，包括学生对道德与法治知识的掌握程度、道德行为表现及法治意识的提升等具体指标。

（二）提升教师队伍素质

通过持续的师资培训，确保所有参与道德与法治融合教育的教师都能深入理解融合教育理念，掌握有效的教学方法，能够在实际教学中灵活运用。

可操作性：制定详细的师资培训计划，包括培训内容、培训方式、培训时间等具体安排，并设立相应的考核机制，确保培训效果。

（三）增强学生的社会责任感与法治意识

通过融合教育，使学生在日常生活中能够自觉遵守道德规范，尊重法律权威，具备强烈的社会责任感和法治意识。

可衡量性：通过问卷调查、行为观察、案例分析等方式，定期评估学生的社会责任感与法治意识水平，如参与社会公益活动的积极性、对法律条文的认知程度、面对法律问题时的应对能力等。

（四）促进学校、家庭、社会三方联动

建立学校、家庭、社会三位一体的教育体系，形成教育合力，共同为学生的道德与法治教育创造良好的环境。

可操作性：制定家校合作方案，明确家长在道德与法治教育中的角色和责任；同时，积极与社区、司法机关等建立合作关系，开展联合教育活动。

三、激励措施

表彰先进：定期评选在道德与法治融合教育工作中表现突出的个人或团队，给予表彰和奖励。

提供发展机会：为参与融合教育工作的教师提供专业培训、学术交流等发展机会，提升其专业素养和职业成就感。

建立反馈机制：建立学生、家长、社会对融合教育工作的反馈机制，及时了解各方意见和建议，不断优化教育方案，提高教育质量。

通过以上具体例子，可以清晰地看到道德与法治融合教育模式实施准备所追求的核心价值和期望达成的长远目标，同时这些目标和理念具有可操作性、可衡量性，并且能够激励团队成员或相关利益方共同努力。

四、实施策略

教育引导：开展环保教育、技能培训，提升居民对可持续发展的认识和能力。

政策倡导：与地方政府合作，争取政策支持，为项目实施创造有利条件。

技术创新：引入智能管理系统，优化资源配置，提高能效。

社区参与：建立居民参与机制，确保项目决策透明，反映居民意愿。

在撰写时，确保每个目标都是具体、可衡量的，并且与项目的整体愿景紧密相连。理念部分则应体现项目的核心价值观和指导原则，为目标的实现提供方向性指引。同时，结合实际情况，提出具体的实施策略，以确保目标与理念的有效落地。

（三）核心目标

培养全面发展的人才：道德与法治的融合教育，旨在培养学生的综合素质，包括道德品质、法治精神、社会责任感和创新思维等，使之成为具有高尚情操、遵纪守法、积极参与社会建设的新时代公民。

促进学科间的有机融合：打破传统学科界限，实现道德与法治教育内容的深度融合，使学生在学习过程中能够自然地理解二者之间的联系，形成完整的知识体系和价值观。

提升教育实效性：通过创新教学方法和手段，增强学生的学习兴趣和参与度，使道德与法治教育更加贴近学生生活，提高教育的针对性和实效性。

（四）教育理念

以学生为中心：坚持以学生为中心的教育理念，关注学生的个体差异和需求，通过个性化教学激发学生的潜能，促进其全面发展。

强调实践与体验：注重学生的实践体验和参与，通过模拟法庭、社区服务、道德讲堂等活动，让学生在实践中学习和感悟道德与法治的重要性。

倡导开放与合作：鼓励师生之间、学生之间，以及学校与家庭、社区之间的开放交流与合作，共同构建良好的教育生态，促进学生的全面发展。

融合传统与现代：在尊重传统文化的基础上，积极吸收现代法治理念和道德教育成果，实现传统与现代的有机融合，为培养具有时代特色的新型人才奠定基础。

持续创新与发展：不断探索和创新教育模式和方法，紧跟时代发展步伐，及时调整和优化教育内容，确保教育的先进性和前瞻性。

通过上述目标与理念的明确，我们将为实施道德与法治融合教育模式提供清晰的方向和动力，为培养具有高尚品德、法治意识和创新精神的新时代人才贡献力量。

二、师资培训规划

（一）确定培训内容

理论培训：涵盖道德与法治的基本理论、融合教育的理念与方法、国内外先进教育案例等，以提升教师的理论素养和教学理念。

实践技能培训：包括教学设计、课堂管理、学生评价等方面的技能培训，确保教师能够灵活运用融合教育模式进行教学。

信息技术应用培训：鉴于线上线下融合教学已成为趋势，教师应掌握必要的信息技术应用能力，以便更好地利用现代教育技术辅助教学。

（二）选择培训方式

集中培训：通过专题讲座、工作坊等形式，邀请专家学者进行面对面授课，确保培训的系统性和深度。

线上培训：利用网络平台，提供灵活的学习时间和地点，便于教师自主学习和交流。

混合式培训：结合线上与线下优势，通过预习、直播授课、互动讨论、作业反馈等环节，提升培训效果。

（三）制定培训计划

分阶段实施：根据培训内容的难易程度和教师的实际需求，将培训分为若干阶段进行，确保教师逐步掌握相关知识和技能。

设置考核机制：通过考试、作业、教学展示等方式，对教师的培训成果进行考核，确保培训质量。

三、教学资源整合

教材分析：深入挖掘道德与法治教材中的融合教育点，明确哪些内容既涉及道德教育又涉及法治教育，为教学设计提供依据。

课外资源开发：整合网络、图书、社会实践等多种资源，丰富教学内容和形式，提高教学的趣味性和实效性。

四、家校社合作机制建立

家长沟通：通过家长会、家访等形式，向家长宣传道德与法治融合教育的重要性和意义，争取家长的理解和支持。

社区合作：与社区、司法机构等单位建立合作关系，为学生提供参观学习、社会实践的机会，增强学生的法治意识和社会责任感。

五、评估与反馈机制建立

建立评估体系：制定科学合理的评估标准和方法，对融合教育的实施效果进行定期评估。

收集反馈信息：通过问卷调查、座谈会等形式，收集教师、学生、家长等各方面的反馈意见，及时调整和优化教学策略。

综上所述，实施道德与法治融合教育模式前的准备工作涉及多个方面，其中师资培训是重中之重。系统的培训规划、丰富多样的培训方式、科学合理的培训计划和有效的考核机制，可以确保教师具备实施融合教育所需的知识和技能，为融合教育的顺利推进奠定坚实基础。

第二节　实施步骤

在完成了充分的实施准备之后，我们即将迈入道德与法治融合教育模式的核心实践阶段。本节将详细阐述实施这一创新教育模式的具体步骤和流程，旨在确保每一步都精准到位、每一环节都紧密相连，共同构成一个有机的整体。通过科学规划、有序推进，我们期望能够最大化地发挥道德与法治融合教育的育人功能，促进学生的全面发展，为社会培养更多具备高尚道德情操和牢固法治观念的新时代公民。

一、前期准备阶段

（一）目标明确与规划制定

1.确立教育目标

在道德与法治融合教育模式的实施中，明确教育目标是确保教育质量、实现教育效果的关键。教育目标不仅为教学活动提供了方向，也为评估教育成效提供了依据。因此，我们需要确立总体目标，并在此基础上细化各年级、各学期的具体目标，以确保教育目标的一致性和连贯性。

（1）总体目标

道德与法治融合教育的总体目标是培养学生的道德素养和法治观念，使他们成为具备高尚道德情操、牢固法治意识、良好行为习惯和社会责任感的公民。具体来说，总体目标包括以下几个方面：

道德素养提升：通过融合教育，使学生树立正确的世界观、人生观和价值观，具备诚信、友善、尊重、公正等道德品质。

法治观念增强：使学生了解国家法律法规，认识到法律的重要性和权威性，形成遵守法律、维护法律尊严的法治观念。

行为习惯养成：引导学生养成良好的行为习惯，包括遵纪守法、诚实守信、尊重他人、爱护环境等。

社会责任感培养：培养学生的社会责任感，使他们能够积极参与社会活动，为社会的和谐稳定和发展作出贡献。

(2) 各年级具体目标

根据总体目标，结合学生的年龄特点和认知水平，我们可以将教育目标细化为各年级的具体目标。以下是以初中年级为例的具体目标：

七年级：初步了解道德与法治的基本概念，形成对道德与法治的基本认识；培养学生的诚信意识，使他们能够诚实守信地面对学习和生活；引导学生了解国家法律法规，认识到法律对个人和社会的保护作用。

八年级：深化学生对道德与法治的理解，使他们能够运用法律知识解决实际问题；培养学生的公正意识，使他们能够公正地对待他人和自己；引导学生积极参与社会活动，培养他们的社会责任感和公民意识。

九年级：巩固学生的道德与法治知识，使他们能够全面理解和遵守国家法律法规；培养学生的法治思维，使他们能够运用法治方式解决问题，维护自身权益；引导学生树立正确的世界观、人生观和价值观，为他们的未来发展奠定坚实的道德和法治基础。

(3) 各学期具体目标

在各年级具体目标的基础上，我们可以进一步细化各学期的具体目标。以下是以初中七年级第一学期为例的具体目标：使学生了解道德与法治课程的基本内容和要求，激发他们的学习兴趣；培养学生的诚信意识，通过具体案例引导学生认识到诚信的重要性；引导学生初步了解国家法律法规，特别是与青少年密切相关的法律法规；组织学生开展法治教育活动，如法治讲座、模拟法庭等，增强他们的法治观念。

(4) 确保教育目标的一致性和连贯性

为了确保教育目标的一致性和连贯性,我们需要采取以下措施:

统一规划:在制定教育目标时,要统一规划,确保各年级、各学期的目标相互衔接、相互支撑。

循序渐进:教育目标的设置要循序渐进,根据学生的年龄特点和认知水平逐步深入。

定期评估:定期对教育目标的实现情况进行评估,及时发现问题并进行调整。

家校合作:加强与家长的沟通与合作,共同推动教育目标的实现。

通过明确道德与法治融合教育的总体目标和各年级、各学期的具体目标,并采取相应的措施确保教育目标的一致性和连贯性,我们可以有效地推动道德与法治融合教育模式的实施,为学生的全面发展奠定坚实的基础。

2.制定实施计划:根据教育目标,构建详细的道德与法治融合教育实施蓝图

制定实施计划是确保道德与法治融合教育目标得以实现的关键步骤。该实施计划旨在根据已确立的教育目标,详细规划教学的时间安排、内容设计、方法选择及评价方式,以确保教育活动的有序进行和高效达成预期成果。

(1)时间安排

学年规划:明确每学年的教学主题和重点,确保各年级教学内容的连贯性和递进性。

学期划分:将学年分为两个学期,每个学期设定具体的教学目标和教学内容,确保教学进度与学生学习节奏相匹配。

周/月计划:制定每周或每月的详细教学计划,包括教学主题、课时分配、教学活动安排等,确保教学活动的有序实施。

(2)教学内容

主题确定:围绕道德与法治融合教育的总体目标,结合学生实际需求和社会热点,确定各年级、各学期的教学主题。

内容设计:根据教学主题,设计具体的教学内容,包括理论知识讲解、案例分析、实践活动等,确保内容的丰富性和针对性。

资源整合:整合教材、教辅材料、网络资源等多种教学资源,为教学提供有力支持。

(3) 教学方法

讲授法:通过教师讲解,向学生传授道德与法治的基本知识和理论,确保学生掌握基础知识。

讨论法:组织学生开展小组讨论,引导学生深入思考、交流观点,培养学生的批判性思维和沟通能力。

案例分析法:选取典型案例,引导学生进行分析、讨论,使学生能够将理论知识应用于实际情境中。

实践活动法:组织学生参加模拟法庭、志愿服务、社会调查等实践活动,增强学生的实践能力和社会责任感。

(4) 评价方式

形成性评价:在教学过程中,通过课堂观察、提问、小测验等方式,及时了解学生的学习情况和问题,为教学调整提供依据。

总结性评价:在学期末或学年末,通过考试、论文、项目展示等方式,全面评估学生的学习成果和达成度,为教学改进和后续教学提供依据。

多元化评价:结合学生的自我评价、同伴评价、教师评价等多种评价方式,全面、客观地反映学生的学习情况和综合素质。

(5) 总结与展望

该实施计划旨在为道德与法治融合教育的实施提供全面、具体的指导。通过明确时间安排、设计丰富的教学内容、选择合适的教学方法、建立多元化的评价方式和提供必要的实施保障,我们期望能够推动道德与法治融合教育的深入发展,培养学生的道德素养和法治观念,为他们的全面发展奠定坚实基础。同时,我们也将根据实施过程中的反馈和评估结果,不断调整和优化实施计划,以确保教育目标的持续实现和提升。

（二）师资培训与专业发展

1.组织师资培训：深化教师对道德与法治融合教育的理解与实践能力

师资培训是提升教师教学质量、推动教育改革的重要环节。针对道德与法治融合教育，组织有效的师资培训能够帮助教师深入理解其核心理念，掌握有效的教学方法，从而提升教学质量，促进学生全面发展。该计划旨在通过专题讲座、工作坊、案例分析等多种形式，全面提升教师对道德与法治融合教育理念的认识和教学能力。

（1）培训目标

深化理念认识：使教师深刻理解道德与法治融合教育的意义和价值，明确其在培养学生道德素养和法治观念中的重要作用。

提升教学能力：掌握道德与法治融合教育的教学方法和策略，能够灵活运用多种教学手段，提高课堂教学的有效性和吸引力。

增强实践能力：通过案例分析和实践活动，增强教师将理论知识转化为教学实践的能力，提升解决实际问题的能力。

（2）培训内容与形式

a.专题讲座

主题设定：围绕道德与法治融合教育的核心理念、教学目标、教学内容等方面进行讲解。

专家邀请：邀请法学专家、道德教育专家、优秀教师等作为主讲嘉宾，分享他们的研究成果和教学经验。

互动交流：设置问答环节，鼓励教师提问和讨论，促进思想碰撞和观点交流。

b.工作坊

分组研讨：将教师分成小组，针对特定主题或问题进行深入研讨，如教学设计、课堂管理、学生评估等。

实操演练：通过模拟教学、角色扮演等方式，让教师亲身体验和练习道德与法治融合教育的教学方法。

成果展示：各小组展示研讨成果，分享教学设计和实践经验，促进相互学习和借鉴。

c.案例分析

案例选择：选取具有代表性和启发性的教学案例，如成功的教学实践、典型的学生问题处理等。

分析讨论：引导教师分析案例的背景、问题、解决策略及效果，探讨其背后的教育理念和教学原理。

反思总结：鼓励教师结合自己的教学实践进行反思和总结，提炼出可借鉴的经验和教训。

(3) 培训安排与实施

时间安排：根据教师的教学计划和学校的时间安排，确定培训的具体时间和时长，确保培训活动不影响正常的教学秩序。

地点选择：选择宽敞、舒适的培训场地，配备必要的教学设备和材料，为教师培训提供良好的环境。

组织管理：成立培训组织小组，负责培训的计划制定、组织协调、后勤保障等工作，确保培训活动的顺利进行。

评估反馈：通过问卷调查、访谈等方式收集教师对培训的反馈意见，评估培训的效果和满意度，为后续培训提供改进依据。

(4) 总结与展望

组织师资培训是提升教师对道德与法治融合教育理念认识和教学能力的重要途径。通过专题讲座、工作坊、案例分析等多种形式，我们可以帮助教师深入理解道德与法治融合教育的核心理念和教学要求，掌握有效的教学方法和策略，提升教学质量和效果。同时，我们也应该注重培训的持续性和系统性，建立长期的培训机制，不断更新培训内容和形式，以适应教育改革和发展的需要。

2.促进专业发展：构建教学研究与分享机制，共筑道德与法治融合教育的教学共同体

在道德与法治融合教育的实践中，教师的专业发展是持续推动教育改革、提升教学质量的关键。为了促进教师的专业成长，构建一个积极的教学研究与经验分享环境，形成紧密的教学共同体，对于深化道德与法治融

合教育的实施至关重要。该方案旨在通过一系列措施，激励教师进行教学研究，积极分享教学经验，共同探索和创新教学方法，以推动道德与法治融合教育的深入发展。

(1) **目标设定**

激发研究热情：鼓励教师主动进行教学研究，探索道德与法治融合教育的有效路径和策略。

促进经验交流：建立教师间的经验分享机制，让优秀的教学实践得以传播和借鉴。

形成教学共同体：构建教师间的合作网络，促进教师间的相互支持、共同学习和成长。

推动教育改革：通过教师的专业发展，不断推动道德与法治融合教育的创新和实践，提升教学质量。

(2) **具体措施**

建立教学研究平台：设立教学研究项目，鼓励教师结合教学实践，开展道德与法治融合教育的研究；定期举办教学研讨会，为教师提供展示研究成果、交流教学经验的舞台。

开展教学经验分享活动：组织教学经验交流会，邀请优秀教师分享他们的教学心得和成功案例；利用校园网络或社交媒体平台，建立教学经验分享群组，方便教师随时随地进行交流。

构建教学共同体：成立道德与法治融合教育教研组，定期组织教师进行教学研讨和集体备课；鼓励教师间的师徒结对，通过一对一的指导和帮助，促进新教师的快速成长。

提供专业培训和支持：定期为教师提供道德与法治融合教育的专业培训，更新他们的教学理念和教学方法；为教师提供必要的教学资源和支持，如教学软件、参考书籍等，帮助他们更好地进行教学实践和研究。

建立激励机制：设立教学成果奖，对在道德与法治融合教育中取得显著成果的教师进行表彰和奖励；将教师的教学研究成果和经验分享纳入绩效考核，作为晋升和评优的重要依据。

(3) **实施与保障**

制定详细计划：根据本方案的目标和措施，制定详细的实施计划，明确时间节点和责任人。

加强组织领导：成立由学校领导、教务处、教研组等组成的实施小组，负责方案的推进和落实。

提供经费支持：为学校提供必要的经费支持，确保各项措施的顺利实施。

加强监督与评估：定期对方案的实施情况进行监督和评估，及时发现问题并进行调整和优化。

(4) 总结与展望

通过构建教学研究与分享机制，共筑道德与法治融合教育的教学共同体，我们可以有效促进教师的专业发展，提升教学质量和效果。未来，我们将继续深化这一机制，不断探索和创新教学方法，为培养具有高尚道德情操和牢固法治观念的优秀人才贡献力量。同时，我们也期待更多的教师能够积极参与到这一进程中来，共同推动道德与法治融合教育的深入发展。

（三）教材编写与资源整合

1.整合教材内容：挖掘道德与法治融合点，确保科学性与时效性

教材作为教师教学和学生学习的重要依据，其内容的科学性、时效性和实用性对于提升教学质量至关重要。在道德与法治融合教育的背景下，挖掘现有教材中的融合点，并结合时事热点和社会实际进行教材的编写或修订，成为推动教育改革、提升学生综合素质的重要途径。

(1) 目标设定

挖掘融合点：深入挖掘现有教材中的道德与法治融合点，明确各章节、各知识点之间的内在联系和逻辑关系。

结合时事热点：将时事热点和社会实际融入教材内容，使教材更加贴近学生生活和社会现实。

确保科学性：确保教材内容的准确性和科学性，避免误导学生或产生歧义。

提升时效性：及时更新教材内容，反映最新的法律法规、社会现象和

道德观念，确保教材的时效性和实用性。

（2）具体措施

分析现有教材：对现有教材进行全面梳理和分析，找出其中的道德与法治融合点，如法律法规与道德规范的关系、公民权利与义务等；评估现有教材在融合教育方面的不足之处，明确需要改进和补充的内容。

结合时事热点：关注国内外时事热点，如新出台的法律法规、社会道德事件等，及时将其融入教材内容；通过案例分析、讨论题等形式，引导学生关注社会现实，培养他们的法治思维和道德素养。

修订或编写教材：根据分析结果和时事热点，对教材进行修订或重新编写，确保内容的科学性和时效性；在教材中增加实践环节和案例分析，提高学生的实践能力和解决问题能力。

专家评审与反馈：邀请法学专家、道德教育专家、优秀教师等对修订或编写的教材进行评审，提出宝贵意见和建议；根据评审反馈，对教材进行进一步修改和完善，确保教材的质量和水平。

持续更新与维护：建立教材更新机制，定期收集教师的反馈意见和学生的学习需求，对教材进行适时更新；关注法律法规的变化和社会现象的发展，及时将最新信息融入教材，确保教材的时效性和实用性。

（3）实施保障

组织领导：成立由学校领导、教务处、教研组等组成的教材编写或修订小组，负责方案的推进和落实。

经费支持：为学校提供必要的经费支持，确保教材编写或修订工作的顺利进行。

技术支持：利用现代信息技术手段，如电子教材、在线课程等，提高教材的互动性和趣味性。

监督与评估：定期对教材的使用情况进行监督和评估，及时发现问题并进行调整和优化。

（4）总结与展望

通过挖掘现有教材中的道德与法治融合点，并结合时事热点和社会实际进行教材的编写或修订，我们可以有效提升教材的科学性和时效性，为教师的教学和学生的学习提供更好的支持和保障。未来，我们将继续关注法律法规的变化和社会现象的发展，不断更新和完善教材内容，为培养具有高尚道德情操和牢固法治观念的优秀人才贡献力量。

2.整合教学资源：多元化途径丰富教学素材

教学资源是教学过程中不可或缺的重要组成部分，其丰富性和多样性直接影响教学质量和学生的学习体验。在道德与法治融合教育的背景下，整合图书馆、网络、社交媒体等多种途径的教学资源，为教学提供丰富素材，成为提升教学效果、激发学生兴趣的关键。

（1）目标设定

多元化收集：通过图书馆、网络、社交媒体等多种途径，广泛收集与道德与法治融合教育相关的教学资源。

丰富素材库：建立包含案例、视频、图片等多种形式的教学资源库，为教学提供丰富素材。

提升教学质量：利用整合的教学资源，提升课堂教学的吸引力和实效性，促进学生全面发展。

（2）具体措施

利用图书馆资源：查阅图书馆中的相关书籍、期刊和报纸，收集与道德与法治融合教育相关的理论文章、教学案例和法律法规等；关注图书馆的新书推荐和专题展览，及时获取最新的教学资源和信息。

挖掘网络资源：利用搜索引擎和学术数据库，搜索与道德与法治融合教育相关的学术论文、教学课件和在线课程等；访问政府官网、法律法规数据库和道德教育网站，获取权威的法律条文和道德教育资料。

利用社交媒体：关注与道德与法治融合教育相关的社交媒体账号，如微博、微信公众号等，获取最新的教学动态和热点话题；参与社交媒体上的教学讨论和群组，与其他教师分享教学资源和经验，共同提升教学水平。

整合与分类：对收集到的教学资源进行整合和分类，按照不同的主题和知识点进行归档和存储；建立教学资源库，方便教师和学生随时查阅和使用。

创新应用：利用多媒体技术和教学软件，将教学资源转化为生动有趣的课件和教具，提升课堂教学的吸引力和实效性；结合学生的实际情况和学习需求，灵活运用教学资源，设计富有创意的教学活动和作业，激发学生的学习兴趣和积极性。

（3）实施保障

技术支持：提供必要的技术支持和培训，确保教师能够熟练运用多媒体技术和教学软件进行资源整合和应用。

经费保障：为学校提供必要的经费支持，用于购买图书、订阅数据库和购买教学软件等。

合作与交流：加强与其他学校和教育机构的合作与交流，共享教学资源和经验，共同提升教学水平。

监督与评估：定期对教学资源的整合和应用情况进行监督和评估，及时发现问题并进行调整和优化。

（4）总结与展望

通过整合图书馆、网络、社交媒体等多种途径的教学资源，我们可以为道德与法治融合教育提供丰富多样的素材，提升教学质量和学生的学习体验。未来，我们将继续关注教学资源的发展动态，不断创新应用方式，为培养具有高尚道德情操和牢固法治观念的优秀人才贡献力量。

二、教学实施阶段

（一）创设教学情境

1.情境导入

通过创设贴近学生生活实际的教学情境，引导学生进入学习状态，激发学生学习兴趣。

（1）确定教学目标与内容

明确目标：清晰界定本节课或本单元的教学目标，确保情境导入与教学目标紧密相关。

了解内容：深入理解教学内容，找出与学生生活、兴趣或当前社会热点相契合的点。

（2）创设贴近生活的情境

选择情境：基于教学目标和内容，选择一个或几个贴近学生生活实际、易于引起共鸣的情境。这些情境可以是有关日常生活、社会现象、科技发展、文化习俗等的场景。

细节描述：详细描绘情境，包括时间、地点、人物、事件等，使情境生动具体，让学生仿佛置身其中。

情感共鸣：在情境中融入情感元素，如友情、亲情、责任感等，激发学生的情感共鸣。

（3）引导问题与思考

提出问题：在情境描述后，提出与教学内容相关的问题，引导学生思考。这些问题应具有启发性，能够激发学生的好奇心和求知欲。

预设答案：对提出的问题，教师应有预设的答案或思路，以便在学生讨论或回答时给予适时的引导和反馈。

（4）衔接教学内容

自然过渡：在情境导入与教学内容之间建立自然的联系，使学生能够顺畅地从情境过渡到新知识的学习中。

强调意义：说明学习本节课内容的重要性和实际意义，增强学生的学习动力。

（5）激发学习兴趣

趣味性：在情境导入中融入幽默、趣味元素，使学习过程更加轻松愉快。

互动性：设计互动环节，如小组讨论、角色扮演等，让学生积极参与，提高学习兴趣。

※ 【示例一】

环境保护

一、情境导入

同学们，想象一下，这是一个周末的早晨，阳光明媚，你和家人决定去附近的公园散步。然而，当你踏入公园时，却发现原本应该绿树成荫、鸟语花香的地方，现在布满了垃圾，塑料袋随风飘舞，湖面上漂浮着各种废弃物。你的心情会怎样？你会怎么做？这个公园为什么会变成这样？我们又能为保护环境做些什么呢？今天，我们就来一起探讨环境保护的重要性，以及我们每个人在其中可以扮演的角色。

二、分析

情境选择：选择了学生熟悉的公园散步场景，易于引起共鸣。

细节描述：通过描绘垃圾遍布的公园景象，激发学生的情感反应。

引导问题：提出了一系列与环境保护相关的问题，引导学生思考。

衔接教学内容：自然过渡到环境保护的主题，强调学习的重要性。

激发学习兴趣：通过情境描述和问题引导，激发学生的学习兴趣和探究欲望。

通过这样的情境导入，学生不仅能够快速进入学习状态，还能够深刻体会到学习内容与生活的紧密联系，从而更加积极地投入学习。

※【示例二】

诚信的价值

情境导入

同学们,你们有没有想过,在我们的日常生活中,什么是最宝贵的品质?想象一下,你是一位小店主,经营着一家小小的文具店。一天,你的一位老顾客急匆匆地走进店里,说他急需一套考试用的文具套装,但因为赶时间忘记带钱包了,希望你能先让他拿走,承诺晚上再通过微信转账给你。面对这样的情况,你会怎么做呢?

现在,让我们来思考几个问题:

信任的力量:如果你决定相信这位顾客,让他先拿走文具,这背后体现的是什么?是人与人之间的信任,还是你对自身诚信经营原则的坚持?

诚信的回报:假设你选择了信任,并且顾客后来如约转账给你,这样的经历会给你和你的小店带来什么?是不是会增强顾客对你的信任感,进而吸引更多回头客?

失信的后果:如果顾客没有履行承诺,你会感到怎样?这次经历又会对你的小店和你的内心产生怎样的影响?更重要的是,它如何影响你未来对诚信的态度和选择?

通过这个小故事,我们可以看到,诚信不仅是我们个人品德的体现,更是社会交往中不可或缺的重要原则。它像一座桥梁,连接着人与人之间的信任与理解;它像一盏明灯,照亮着我们前行的道路,让我们在复杂多变的社会环境中,始终能够坚守内心的原则,赢得他人的尊重与信任。

今天,我们就来一起探讨"诚信的价值",看看它如何影响我们的生活,以及我们如何在日常生活中践行诚信,成为一个值得信赖的人。

这个情境导入案例通过构建一个贴近学生生活的具体场景,引导学生思考诚信的重要性及其对个人和社会的影响,从而激发他们的学习兴趣和参与度。同时,通过提出一系列问题,引导学生深入思考,为后续的课堂教学打下良好的基础。

2.问题引导

通过问题引导,结合具体情境,可以有效促进学生的深度思考,并帮助他们理解道德与法治的联合与运用。以下是一个示例,说明如何在这一阶段设计问题引导。

※【示例】

问题引导与情境结合

一、确定教学主题与情境

教学主题:道德与法治在日常生活中的应用。

情境描述:假设一个社区里发生了一起居民之间的纠纷,涉及宠物犬吠叫扰民、随地大小便等,导致邻里关系紧张的问题。

二、问题引导设计

(一)引入情境,激发兴趣

问题:同学们,你们是否遇到过或听说过类似的邻里纠纷?当时的情况是怎样的?

(二)结合情境,引导思考道德与法治的关系

问题1:在这起纠纷中,你认为哪些行为违反了道德规范?哪些行为可能触犯了法律?

问题2:道德和法律在解决这类纠纷中各自扮演了什么角色?它们之间有何联系和区别?

(三)深入探讨,理解联合运用

问题1:如果你是社区的一员,你会如何运用道德和法律手段来解决这个纠纷?请具体说明你的做法。

问题2:在解决纠纷的过程中,如何平衡道德约束和法律强制的关系?你认为哪种方式更有效?为什么?

（四）拓展延伸，提升素养

问题1：除了这起纠纷，你还能举出其他生活中道德与法治联合运用的例子吗？请分享你的见解。

问题2：通过学习这个案例，你对如何在日常生活中更好地践行道德与法治有何新的认识？

三、实施策略

分组讨论：将学生分成小组，每组选择一个或几个问题进行深入探讨，然后派代表分享小组观点。

角色扮演：选取情境中的关键角色，让学生进行角色扮演，模拟解决纠纷的过程，体验道德与法治的实际运用。

案例分析：提供类似案例，让学生分析其中的道德与法治元素，以及它们的联合运用方式。

总结反馈：在学生讨论和角色扮演后，教师进行总结反馈，强调道德与法治在日常生活中的重要性和联合运用的必要性。

通过这样的问题引导设计，学生不仅能够深入理解道德与法治的关系，还能学会如何在实际生活中运用它们来解决问题，从而提升自身的道德素养和法律意识。

（二）跨学科融合教学

1.内容融合：在教学过程中将道德与法治知识与其他学科知识相融合，形成跨学科的教学主题和案例

在将道德与法治知识与其他学科知识相融合，形成跨学科教学主题和案例的内容时，可以遵循以下步骤和原则：

（1）明确教学目标

首先，需要明确教学目标，即希望通过跨学科的教学主题和案例，让学生达到哪个道德与法治知识和其他学科知识的融合理解与应用能力水平。这有助于后续内容的选择和组织。

(2) 选择跨学科主题

选择一个能够自然融合道德与法治知识和其他学科知识的主题。这个主题应该具有现实意义，能够引发学生的兴趣，并且与学生的学习生活紧密相联。例如，可以选择"环境保护与法律责任""网络安全与道德规范""消费者权益保护与法律知识"等主题。

(3) 挖掘跨学科联系

在确定了跨学科主题后，需要深入挖掘道德与法治知识与其他学科知识之间的联系。这可以通过分析不同学科中的相关概念、原理、案例等来实现。例如，在"环境保护与法律责任"主题中，可以探讨环境科学中的污染问题、生态平衡等概念，以及法学中的环境保护法、侵权责任法等法律知识。

(4) 设计跨学科案例

基于挖掘出的跨学科联系，设计具有代表性和启发性的跨学科案例。这些案例应该能够体现道德与法治知识和其他学科知识的融合应用，并且具有足够的复杂性和挑战性，以激发学生的思考和探究。例如，可以设计一个关于企业污染排放的案例，让学生分析其中的环境科学问题、法律责任问题和可能的解决方案。

(5) 组织教学活动

根据设计的跨学科案例，组织相应的教学活动。这些活动可以包括课堂讨论、小组合作、角色扮演、模拟法庭等，旨在让学生通过实践来加深对跨学科知识的理解和应用。在教学过程中，教师应注重引导学生从不同学科角度思考问题，培养他们的跨学科思维能力和综合素养。

(6) 总结与反思

在教学活动结束后，进行总结与反思。教师可以引导学生回顾学习过程，总结跨学科知识的融合点和应用方法，以及自己在学习过程中的收获和不足。同时，教师也可以对教学活动进行反思，评估教学效果，以便不断改进和完善跨学科教学主题和案例的设计。

※【示例】

"网络安全与道德规范"跨学科教学

一、情境描述

中学生小明在上网时，无意中发现了一个可以破解他人QQ密码的软件。他出于好奇，尝试使用了该软件，并成功破解了同学的QQ密码，查看了同学的聊天记录。

二、跨学科联系

这个案例涉及计算机科学中的网络安全知识、法学中的隐私权保护法律知识和道德学中的道德规范知识。

三、教学活动

课堂讨论：引导学生讨论小明的行为是否合法、是否符合道德规范，并分析其可能带来的后果。

小组合作：让学生分组研究网络安全的重要性、隐私权的法律保护和道德规范在网络安全中的作用。

角色扮演：让学生分别扮演小明、被破解密码的同学、网络安全专家等角色，进行情境模拟和角色扮演，以加深对跨学科知识的理解和应用。

通过这样的跨学科教学主题和案例设计，可以帮助学生更好地理解和应用道德与法治知识与其他学科知识的融合，培养他们的跨学科思维能力和综合素养。

2.方法多样：采用案例分析、角色扮演、小组讨论等多种教学方法，增强教学的互动性和实践性

在采用案例分析、角色扮演、小组讨论等多种教学方法，增强教学的互动性和实践性时，可以遵循以下结构和要点：

首先，简要介绍教学的重要性和挑战，以及采用多种教学方法的必要性。强调通过案例分析、角色扮演、小组讨论等方法，可以激发学生的学习兴趣，提高他们的参与度和实践能力。

(1) 案例分析教学法

a.定义与目的

解释案例分析是一种通过剖析具体事件或问题，引导学生深入思考、分析和解决的教学方法。

强调其目的在于培养学生的问题分析能力、批判性思维和解决实际问题的能力。

b.实施步骤

选择具有代表性和启发性的案例；

引导学生阅读案例材料，理解案例背景和问题；

组织学生分组讨论，分析案例中的关键点和问题所在；

鼓励学生提出解决方案，并进行全班分享和讨论。

c.注意事项

案例应与教学内容紧密相联，具有现实性和针对性；

引导学生从多个角度分析问题，避免片面性；

鼓励学生大胆发言，提出自己的见解和观点。

(2) 角色扮演教学法

a.定义与目的

介绍角色扮演是一种通过让学生扮演特定角色，模拟真实情境进行互动和交流的教学方法。

强调其目的在于增强学生的角色意识、沟通能力和团队协作精神。

b.实施步骤

根据教学内容设计角色扮演的情境和角色；

分配角色，让学生准备并熟悉自己的角色；

进行角色扮演活动，引导学生按照角色设定进行互动和交流；

活动结束后，组织学生进行反思和总结，分享扮演角色的感受和收获。

c.注意事项

角色扮演的情境应贴近学生的生活实际，具有趣味性和挑战性；

引导学生投入角色，真实感受情境中的情感和压力；

强调团队协作和沟通的重要性，培养学生的合作精神。

(3) 小组讨论教学法

a.定义与目的

介绍小组讨论是一种通过将学生分成小组，围绕特定主题或问题进行讨论和交流的教学方法。

强调其目的在于促进学生的合作学习、思维碰撞和知识共享。

b.实施步骤

根据教学内容和学生特点，确定小组讨论的主题和问题；

将学生分成若干小组，每组分配一个主题或问题；

引导学生进行小组讨论，鼓励每个成员积极参与和发言；

小组代表向全班汇报讨论结果，进行全班分享和讨论。

c.注意事项

小组讨论的主题应明确具体，具有讨论价值和意义；

引导学生尊重他人观点，避免攻击性言论和行为；

鼓励学生提出新颖的观点和解决方案，培养他们的创新思维。

(4) 总结与展望

最后，总结采用案例分析、角色扮演、小组讨论等多种教学方法的重要性和优势，强调它们对于增强教学的互动性和实践性的重要作用。同时，展望未来的教学发展，提出进一步改进和完善这些教学方法的建议和展望。

※【示例】

消费者权益保护与法律知识

一、教学目标

使学生理解消费者权益保护的基本概念和相关法律法规；培养学生分析实际案例、运用法律知识解决问题的能力；增强学生的沟通协作能力，提升团队合作精神。

二、教学过程

（一）引入阶段（案例分析）

教师活动：首先，教师通过一个真实的消费者权益受损案例引入教学主题。例如,讲述一起消费者在购买电子产品时遇到质量问题,但商家拒绝退换货的案例。教师详细阐述案例背景、消费者遇到的问题和商家的回应。

学生活动:学生认真倾听案例,并尝试初步分析案例中消费者可能面临的困境和解决方案。

(二)知识讲解阶段

教师活动:在案例分析的基础上,教师系统地讲解消费者权益保护的基本概念、相关法律法规,以及消费者在遇到问题时应该采取的合法途径。

学生活动:学生认真听讲,做好笔记,并尝试将所学知识与案例联系起来。

(三)角色扮演阶段

分组与准备:教师将学生分成若干小组,每组4—6人。每组分配不同角色,包括消费者、商家、消费者协会工作人员、法律顾问等。学生根据角色准备台词和行动方案。

角色扮演:学生按照分配的角色进行模拟对话和行动,重现场景。例如,消费者向商家提出退换货要求,商家拒绝后消费者寻求消费者协会的帮助,并咨询法律顾问的意见。其他小组作为观众,认真观看并准备提出问题和建议。

(四)小组讨论阶段

小组讨论:角色扮演结束后,各小组回到座位上,围绕案例和角色扮演过程展开讨论。讨论内容可以包括:案例中的消费者有哪些合法权益受到侵害?他应该如何合法维权?角色扮演中哪些做法是正确的,哪些需要改进?

代表发言:每组选派一名代表向全班汇报小组讨论的结果和观点。其他小组可以对汇报内容提出疑问或补充意见。

(五)总结与反馈阶段

教师总结:教师对整个教学过程进行总结,强调消费者权益保护的重要性,以及运用法律知识解决问题的能力。

学生反馈:邀请学生分享自己的学习感受和收获,以及对教学方法的建议和意见。

三、教学反思

通过结合案例分析、角色扮演和小组讨论等多种教学方法，本次教学不仅使学生掌握了消费者权益保护的基本知识，还培养了他们分析问题、解决问题和沟通协作的能力。同时，这种互动性和实践性强的教学方式也激发了学生的学习兴趣和积极性。在今后的教学中，可以继续探索和完善这些教学方法的应用，以进一步提高教学效果和质量。

（三）实践活动与体验学习

1.组织实践活动

在教育领域，实践教学是巩固理论知识、培养学生实际能力的重要途径。对于道德与法治这门学科而言，通过组织实践活动，如模拟法庭、法治宣传、社区服务等，可以让学生在实践中深入体验和学习相关知识，增强他们的法律意识和道德素养。这些活动不仅有助于巩固学生的理论知识，还能培养他们的实践能力和社会责任感。因此，在教育教学中，应积极探索和实践这些有效的教学方法，为学生的全面发展奠定坚实的基础。

※【案例一】

模拟法庭

一、活动目的

让学生了解法庭的审判程序和角色分工；培养学生的逻辑思维、口头表达和团队合作能力。

二、活动准备

选择或编写一个贴近学生生活的案例；分配角色，包括法官、检察官、律师、被告、证人等；准备法庭布景、道具和服装。

三、活动实施

指导学生进行角色准备，包括了解角色职责、熟悉案情和准备发言；组织模拟法庭开庭，按照正式法庭程序进行；鼓励学生积极参与，教师适时给予指导和点评。

四、活动总结

组织学生进行活动反思，分享体验和感受；教师总结活动亮点和不足，提出改进建议。

※【案例二】

法治宣传

一、活动目的

增强学生的法治观念和法律意识；锻炼学生的宣传策划和组织能力。

二、活动准备

确定宣传主题和内容，如宪法、未成年人保护法、交通安全法规等知识；制定宣传计划和方案，包括宣传形式、时间、地点等；准备宣传材料，如海报、宣传册、视频等。

三、活动实施

组织学生进行宣传材料的制作和布展；开展宣传活动，如校园广播、主题班会、展板展示等；鼓励学生走出校园，参与社区法治宣传。

四、活动总结

收集反馈意见，评估宣传效果；总结活动经验，为今后的法治宣传活动提供参考。

※ 【案例三】

社区服务

一、活动目的

让学生在服务中体验社会责任和公民义务；培养学生的实践能力和团队合作精神。

二、活动准备

联系社区或相关机构，了解服务需求和项目；根据学生兴趣和能力进行分组，明确服务任务和目标；准备必要的服务工具和材料。

三、活动实施

组织学生前往社区或服务地点，进行实地服务；指导学生与服务对象进行沟通交流，了解他们的需求和困难；鼓励学生发挥创意和才能，为服务对象提供优质的服务。

四、活动总结

组织学生进行服务反思，分享服务经历和感受；收集服务对象的反馈意见，评估服务效果；教师总结活动成果，对学生的表现给予肯定和鼓励。

2.鼓励自主探究

在教育过程中，自主探究是一种极为宝贵的学习方式，它不仅能够激发学生的学习兴趣，还能有效培养他们的探究精神和创新能力。为了引导学生自主开展调查研究、项目学习等活动，教师可以采取以下策略：

（1）创设问题情境，激发探究欲望

设计引人入胜的开场：通过讲述相关故事、展示有趣的现象或提出引人入胜的问题，激发学生的好奇心和求知欲。

设置悬念：在介绍新知识或概念时，故意留下一些未解之谜，鼓励学生自己去寻找答案。

（2）提供丰富资源，支持自主探究

多渠道获取信息：引导学生利用图书馆、互联网、专家访谈等多种渠道收集资料，为探究活动提供充分的信息支持。

搭建学习平台：创建在线学习社区或小组讨论区，方便学生交流心得、分享资源。

（3）明确任务目标，指导探究过程

设定清晰目标：为学生明确每次探究活动的具体目标和预期成果，帮助他们保持方向感。

分阶段指导：将探究活动分解为若干个小任务，每个阶段都给予必要的指导和反馈，确保学生能够逐步深入。

（4）鼓励团队合作，促进交流分享

组建学习小组：让学生根据兴趣或能力分组，共同开展探究活动。

定期交流汇报：组织小组间的交流会议，让学生分享探究进展、遇到的困难和解决方案，促进思维碰撞。

（5）注重实践应用，强化创新能力

动手实践：鼓励学生将探究成果应用于实际问题解决中，如制作模型、开展实验等。

创新挑战：设置一些具有挑战性的创新任务，如设计新产品、改进现有技术等，激发学生的创造潜能。

（6）给予积极反馈，增强探究信心

及时肯定进步：对学生的每一点进步和成果都给予积极的反馈和肯定，增强他们的成就感和自信心。

鼓励持续探究：在学生遇到挫折时，给予鼓励和支持，引导他们从失败中吸取教训，继续前行。

※【案例一】

环保项目学习

一、目标

通过自主探究，了解环保知识，提出并实施一项环境改善计划。

二、过程

问题引入：展示环境污染的严重性和环保的重要性，激发学生关注环保问题。

资料收集：引导学生通过图书馆、互联网等渠道收集环保相关的资料和信息。

小组讨论：学生分组讨论，确定环境改善计划的主题和目标。

实地调查：组织学生到社区或学校周边进行实地调查，了解环保现状和问题。

方案制定：根据调查结果，学生小组制定具体的环境改善计划，包括实施步骤、预期效果等。

实施与评估：学生小组在教师的指导下实施计划，并定期进行评估和调整。

成果展示：组织学生进行成果展示和交流，分享经验和教训。

三、反思

通过这样的活动设计，学生不仅能够深入了解环保知识，还能在实践中锻炼探究精神和创新能力。同时，团队合作和交流分享的过程也有助于培养学生的沟通能力和团队协作精神。

※【案例二】

《诚实守信》自主探究学习

一、教学目标

知识目标：理解诚实守信的含义及其重要性。

能力目标：培养学生分析问题、解决问题的能力，以及自主探究和合作学习的能力。

情感态度价值观目标：帮助学生增强对诚实守信的认同感，树立诚信做人的价值观。

二、教学准备

预习任务：要求学生提前阅读《诚实守信》相关章节，思考诚实守信在生活中的体现及其重要性。

分组与材料准备：将学生分成若干小组，每组4—6人，并准备与诚实守信相关的案例、故事、视频等材料。

三、教学过程

（一）情境导入，激发兴趣

教师活动：讲述《曾子杀猪》的故事，引导学生思考诚实守信的内涵。

学生活动：倾听故事，初步感受诚实守信的重要性。

（二）提出问题，自主探究

教师活动：提出递进式问题，如"从《曾子杀猪》的故事中，我们看到曾子具有什么样的品质""结合曾子的故事，请你给这种品质下个定义"等，引导学生深入探究。

学生活动：分组讨论，结合预习内容和教师提供的材料，自主探究诚实守信的含义及其重要性。

（三）角色扮演，情境体验

教师活动：设计情境，如"假设你是曾子，你会如何面对夫人的劝说和村民的质疑""在现代社会中，如果你是一名企业家，你会如何坚守诚信经营"等，鼓励学生进行角色扮演。

学生活动：分组进行角色扮演，通过情境体验加深对诚实守信的理解。

（四）汇报分享，交流成果

学生活动：每组选派代表汇报自主探究和角色扮演的成果，分享对诚实守信的新认识和感悟。

教师活动：认真倾听学生的汇报，适时给予点评和反馈，引导学生进一步思考诚实守信在生活中的实际应用。

（五）拓展延伸，深化理解

教师活动：引导学生思考诚实守信在现代社会中的挑战和应对策略，如"面对网络谣言和虚假广告，我们应该如何坚守诚信？"等。

学生活动：结合生活实际，讨论并提出自己的见解和建议。

四、教学反思

本次课堂通过情境导入、提出问题、角色扮演、汇报分享和拓展延伸等环节，充分调动了学生的积极性和参与度，使他们在自主探究和合作学习的过程中深入理解了诚实守信的含义及其重要性。

角色扮演环节尤其受学生欢迎，情境体验加深了学生对诚实守信的感性认识和情感体验。

教师在教学过程中应关注学生的探究过程，及时给予指导和反馈，确保自主探究活动的有效性和针对性。同时，还应注重培养学生的社会责任感和法治意识，使他们在日常生活中能够自觉践行诚实守信的价值观。

三、评估与反馈阶段

（一）多元化评价

1.过程评价

过程评价是一个细致且多维度的过程，旨在全面反映学生在学习过程中的表现、努力程度和成长轨迹。

（1）明确评价目的和原则

a.目的

明确过程评价旨在促进学生的全面发展，不仅关注学习成果，更重视学习过程中的态度、方法和进步。

b.原则

全面性：从多个角度评价学生的学习过程。

客观性：基于事实和数据进行评价，避免主观臆断。

发展性：注重学生的成长和进步，鼓励持续改进。

参与性：鼓励学生、同伴和教师共同参与评价过程。

（2）构建评价框架

a.确定评价维度

学习态度：如积极性、主动性、责任心等。

学习方法：如时间管理、学习策略、合作能力等。

学习成果：如作业质量、课堂表现、测试成绩等。

创新思维：如问题解决能力、批判性思维、创造力等。

b.设定评价标准

为每个维度设定具体、可衡量的评价标准，以便进行量化或质性分析。

（3）实施多种评价方式

a.自我评价

内容：让学生反思自己的学习过程，包括学习方法的有效性、时间管理的合理性、遇到的困难及解决方案等。

形式：学习日志、自我评估表、口头反馈等。

指导：提供评价指南，帮助学生客观、全面地评价自己。

b.同伴评价

内容：评价同伴在学习小组中的贡献、合作态度、沟通能力等。

形式：小组讨论、同伴评价表、匿名反馈等。

培训：对同伴评价者进行培训，确保评价的公正性和建设性。

c.教师评价

内容：综合学生的学习态度、课堂表现、作业质量、测试成绩等方面进行评价。

形式：观察记录、作业评语、课堂互动反馈、定期评价报告等。

反馈：及时、具体、建设性地反馈，指导学生改进学习方法和提高学习效果。

（4）整合评价信息

收集数据：整理学生的自我评价、同伴评价和教师评价信息。

分析数据：对比不同评价方式的结果，识别学生的优势、不足和成长点。

形成综合评价：综合各方评价，撰写过程评价报告，包括学生的总体表现、进步情况、存在的问题和改进建议。

（5）撰写评价报告

a.开头

简要介绍评价的目的、原则和方法。

b.主体

学习态度：描述学生的学习态度，如是否积极、主动，是否有责任心。

学习方法：分析学生的学习方法，如时间管理、学习策略的有效性，以及合作能力。

学习成果：总结学生的学习成果，如作业质量、课堂表现、测试成绩等。

创新思维：评价学生的创新思维，如问题解决能力、批判性思维、创造力等。

综合评价：基于以上分析，给出对学生的综合评价，指出其优势、不足和成长点。

c.结尾

提出改进建议，鼓励学生继续努力，明确下一步的学习目标和方向。

（6）注意事项

保持公正：确保评价过程的公正性，避免偏见和歧视。

保护隐私：尊重学生的隐私权，确保评价信息的保密性。

及时反馈：及时将评价结果反馈给学生，以便他们及时调整学习策略。

鼓励参与：鼓励学生积极参与评价过程，培养他们的自我评价和同伴评价能力。

2.结果评价

结果评价是对学生学习成果和全面发展状况的最终判定，它不仅仅关注学生的知识掌握程度，还涉及能力发展、情感态度和价值观等多个维度。

(1) 明确评价目标

结果评价的主要目标是全面、准确地评估学生在学习过程中的知识掌握、能力发展、情感态度和价值观的变化，以便为学生的后续学习和个人发展提供有针对性的指导和支持。

(2) 确定评价内容

知识掌握情况：考查学生对课程内容的理解和记忆程度；通过测试、作业、项目等形式评估学生的知识掌握水平。

能力发展水平：分析学生在思维能力、创新能力、实践能力、团队协作能力等方面的进步；通过观察学生在课堂讨论、项目合作、实验操作等活动中的表现来评价。

情感态度价值观：评估学生的学习态度、积极性、责任感和对待挑战的态度；观察学生在面对困难时的反应，以及他们如何与他人合作和沟通；通过问卷调查、访谈等方式了解学生对学习的看法和价值观。

(3) 选择评价方法

量化评价：使用测试成绩、作业分数等量化数据来评估学生的知识掌握和能力发展水平；设定明确的评分标准，确保评价的客观性和准确性。

质性评价：通过观察记录、学生作品分析、口头反馈等方式来评估学生的情感态度和价值观；注重学生的个体差异，给予个性化的评价。

综合评价：将量化评价和质性评价相结合，形成对学生的全面评价；综合考虑学生在知识掌握、能力发展、情感态度和价值观等多个方面的情况，给出综合评价结论。

(4) 撰写评价报告

总结学生表现：概括学生在知识掌握、能力发展、情感态度和价值观等方面的主要表现；突出学生的优点和进步，同时指出存在的不足和需要改进的地方。

分析原因：分析学生取得成绩或存在不足的原因，包括教学方法、学习资源、学生个人因素等；提出针对性的改进建议，以便学生在后续学习中取得更好的成绩。

展望未来：根据学生的当前表现和发展趋势，预测学生在未来学习中的可能表现；为学生制定个性化的学习计划和发展目标，提供有针对性的指导和支持。

(5) 注意事项

保持客观公正：在评价过程中，要保持客观公正的态度，避免主观臆断和偏见。

注重个体差异：尊重学生的个性差异和发展需求，给予个性化的评价和指导。

及时反馈与沟通：及时将评价结果反馈给学生和家长，以便他们及时了解学生的学习状况并采取相应的措施。同时，也要与学生进行沟通，听取他们的意见和建议，不断完善评价体系。

综上所述，结果评价应该是一个全面、客观、个性化的过程，旨在为学生的学习和个人发展提供有力的支持和指导。通过明确评价目标、确定评价内容、选择评价方法和撰写评价报告等步骤，可以实现对学生在知识掌握、能力发展、情感态度和价值观等方面的综合评价。

（二）反馈与调整

1.及时反馈：向学生和家长提供学习反馈，指出优点和不足，提出改进建议

及时反馈是教育过程中至关重要的一环，它不仅能够帮助学生和家长及时了解学习状况，还能促进学生的持续改进和全面发展。以下是一些关于如何向学生和家长提供有效学习反馈的建议：

(1) 明确反馈目的

促进学习：反馈应旨在帮助学生识别自己的学习强项和弱项，明确改进方向。

增强动力：通过肯定学生的努力和成就，激发学生的学习动力和积极性。

家校合作：与家长建立沟通桥梁，共同关注学生的学习成长，形成教育合力。

(2) 准备反馈内容

优点总结：列举学生在学习中表现出的优点和长处，如良好的学习态度、高效的学习方法、出色的团队协作能力等；具体说明这些优点如何体现在学生的日常学习和作业中。

不足指出：客观、准确地指出学生在学习过程中存在的不足和需要改进的地方；避免使用负面或贬低性的语言，而是采用建设性的方式提出改进建议。

改进建议：针对学生的不足，提出具体、可行的改进建议；鼓励学生尝试新的学习方法和策略，以提高学习效果；如有必要，可提供额外的学习资源或辅导建议。

(3) 选择反馈方式

口头反馈：在课堂上或课后与学生进行面对面的交流，及时给予口头反馈；注意语气和措辞，确保反馈既中肯又鼓励。

书面反馈：在作业、测试卷或学习报告上写下详细的反馈意见；使用清晰、易懂的语言，确保学生和家长都能理解反馈内容。

电子反馈：通过电子邮件、学习管理系统或家长群等方式发送反馈；附上学生的学习成果和进步轨迹，以便家长更全面地了解孩子的学习情况。

(4) 注意反馈时机

及时性原则：反馈应在学习活动结束后尽快给出，以便学生及时调整学习策略；避免延迟反馈，以免学生失去改进的动力和兴趣。

定期反馈：设定固定的反馈周期，如每周、每月或每学期进行一次总结性反馈，这有助于学生和家长形成对学习的持续关注。

(5) 鼓励家长参与

家长会议：定期召开家长会议，与家长面对面交流学生的学习情况和反馈意见；听取家长的意见和建议，共同为学生的学习成长出谋划策。

家校联系册：使用家校联系册或电子通信工具，定期向家长发送学生的学习反馈和成长记录；鼓励家长在联系册上留言或回复，形成家校之间的良性互动。

(6) 注意事项

保持客观公正：在提供反馈时，要保持客观公正的态度，避免主观臆断和偏见。

注重个体差异：尊重学生的个性差异和发展需求，给予个性化的反馈和指导。

保护学生隐私：在公开场合或与家长交流时，注意保护学生的隐私和自尊心。

通过及时、具体、建设性的反馈，可以帮助学生和家长更好地了解学习状况，明确改进方向，从而促进学生的全面发展。同时，也要加强家校合作，共同为学生的学习成长提供有力支持。

以下是一个书面反馈的范文模板，适用于对学生学习道德与法治课程进行综合评价及建议。这个模板可以根据具体情况进行调整和补充。

※【示例】

学生姓名：_____

课程名称：道德与法治

反馈日期：_____

一、学习表现总结

在过去的_____（时间段，如"一学期"）里，你在道德与法治课程中的学习表现令人_____（满意/有待提升）。你展现出了_____（积极的学习态度/一定的知识掌握能力/良好的思维品质）等优点，特别是在_____（具体知识点或技能，如"法律基础知识理解""道德案例分析"）方面表现出色。

二、知识掌握情况

优点：你对_____（具体知识点，如"公民权利与义务"）的理解较为深刻，能够在课堂讨论和作业中准确运用相关概念。

不足：在_____（具体知识点或技能，如"法律条文记忆""道德判断能力提升")方面，你还需要加强学习和练习，以提高掌握程度。

三、能力发展水平

思维能力：你在分析道德与法治问题时，能够运用逻辑思维和批判性思维，提出有见地的观点。

创新能力：在解决道德与法治相关问题时，你尝试从不同角度思考，展现出一定的创新意识。

实践能力：你积极参与课堂活动和课外实践，将所学知识应用于实际情境中，提高了实践能力。

团队协作能力：在小组讨论和合作项目中，你能够与同学有效沟通，共同完成任务。

四、情感态度与价值观

你对待道德与法治课程的态度_____（认真/敷衍），在学习过程中表现出_____（积极/消极）的情感。你尊重法律、崇尚道德，能够在日常生活中践行社会主义核心价值观。然而，在_____（具体方面，如"法律意识提升""道德责任感增强"）方面，你还有进一步提升的空间。

五、改进建议

加强知识掌握：针对你在_____（具体知识点或技能）方面的不足，建议你多阅读相关书籍、观看教学视频，加强记忆和理解。

提升能力水平：多参与课堂讨论和课外活动，锻炼你的思维能力、创新能力和实践能力。可以尝试与同学组成学习小组，共同探讨问题、分享经验。

调整学习态度：保持积极的学习态度，认真对待每一次课堂学习和作业。遇到困难时，及时寻求老师或同学的帮助。

践行道德规范：在日常生活中，时刻牢记道德规范，做到言行一致。可以参与志愿服务等社会实践活动，增强道德感和社会责任感。

六、总结与展望

总的来说，你在道德与法治课程中的学习表现_____（令人满意／有待提升）。希望你能够继续发扬优点、改进不足，在未来的学习中取得更好的成绩。相信通过努力和坚持，你一定能够在道德与法治领域取得更大的进步！

2.策略调整：根据评估结果和反馈意见，及时调整教学策略和方法，确保教育目标的达成

道德与法治融合教育模式的策略调整是一个动态且持续的过程，它要求教师根据学生的评估结果和反馈意见，灵活调整教学策略和方法，以确保教育目标的顺利达成。

（1）深入分析评估结果与反馈意见

数据解读：仔细分析学生的测试成绩、作业完成情况、课堂参与度等评估数据，识别学生的学习难点和薄弱点。

意见整合：收集学生、家长和同行教师的反馈意见，了解他们对道德与法治融合教育模式的看法和建议。

问题定位：综合评估结果和反馈意见，明确当前教学模式中存在的问题和不足之处。

（2）调整教学策略与方法

差异化教学：根据学生的学习水平和兴趣爱好，实施差异化教学策略，为不同层次的学生提供适合他们的学习内容和难度。

情境教学：创设与道德与法治相关的情境，让学生在模拟的情境中学习和体验，增强他们的实践能力和情感体验。

互动合作：鼓励学生之间的互动合作，通过小组讨论、角色扮演等方式，培养他们的团队协作能力和沟通能力。

信息技术融合：充分利用信息技术手段，如多媒体教学、在线互动等，丰富教学形式和内容，提高学生的学习兴趣和参与度。

（3）加强教育目标的达成度监测

定期评估：定期对学生进行评估，了解他们的学习进展和成效，及时调整教学策略和方法。

目标对比：将学生的实际学习成果与预设的教育目标进行对比，分析差距和原因，制定针对性的改进措施。

反馈循环：建立反馈循环机制，及时收集学生、家长和教师的反馈意见，不断优化教学模式和策略。

(4) 注重教师的专业发展与培训

持续学习：鼓励教师持续学习道德与法治教育的最新理念和方法，不断提升自己的专业素养和教学能力。

培训交流：组织教师参加培训交流活动，分享教学经验和心得，促进教师之间的互相学习和共同进步。

反思总结：引导教师对自己的教学实践进行反思和总结，发现问题并寻求解决方案，不断完善自己的教学策略和方法。

(5) 强化家校合作与沟通

定期沟通：定期与家长进行沟通，了解学生在家的学习情况和表现，共同关注学生的成长和发展。

家长参与：鼓励家长参与学校的教育活动，如家长会、开放日等，增强家校之间的互动和合作。

共同教育：与家长共同制定教育计划和目标，形成家校共育的合力，促进学生的全面发展。

综上所述，道德与法治融合教育模式的策略调整需要综合考虑评估结果、反馈意见、教学策略与方法、教育目标达成度监测、教师专业发展与培训、家校合作与沟通等多个方面。通过不断优化和调整，可以确保教育目标的顺利达成，促进学生的全面发展。

四、总结与提升阶段

（一）总结经验

1.组织总结会议：定期召开总结会议，分享教学经验和成功案例，提炼有效的教学策略和方法

组织总结会议是提升教学质量、促进教师专业成长的重要途径。通过定期召开总结会议，教师们可以相互学习、共同进步，不断提升教学质量和效果。同时，这也是一个促进教师专业成长、增强团队协作能力的好机会。

以下是一个关于如何有效组织总结会议的指南，旨在分享教学经验、成功案例，并提炼出有效的教学策略和方法。

※ 总结会议指南

一、会议准备

确定会议目的：明确会议的主要目标，如分享教学经验、讨论成功案例、提炼教学策略等；确保所有参会者对会议目的有清晰的认识。

选择会议时间：选定一个对大多数参会者都方便的时间段，确保大家能够充分参与；考虑教学周期，选择在学期中或学期末进行，以便总结整个教学阶段的情况。

确定参会人员：邀请所有相关教师参加，包括不同学科、不同年级的教师；可以考虑邀请学校管理层或外部专家参与，以提供更广阔的视角和反馈。

准备会议材料：提前收集教师的教学经验、成功案例和教学策略；整理并打印相关材料，以便在会议上分发和讨论。

制定会议议程：明确会议的流程和时间安排，包括开场白、分享环节、讨论环节、总结环节等。确保每个环节都有足够的时间进行深入的讨论和交流。

二、会议进行

开场白：由主持人简要介绍会议的目的和流程。

分享环节：按照事先安排的顺序，邀请教师逐一分享自己的教学经验和成功案例。每位分享者应简洁明了地阐述自己的教学策略、实施过程、取得的效果和遇到的挑战。

讨论环节：在每位分享者之后，留出时间让其他参会者提问、讨论和发表意见。鼓励大家积极互动，共同探讨教学策略的优劣和改进方法。

提炼与总结：在讨论环节结束后，由主持人或指定人员提炼出会议中提到的有效教学策略和方法。对这些策略和方法进行分类、整理，形成易于理解和应用的总结文档。

三、会议后续

整理会议记录：会后及时整理会议记录，包括分享内容、讨论要点和提炼的策略方法。将整理好的文档分发给所有参会者，以便他们后续参考和应用。

跟踪实施效果：鼓励教师在后续的教学中尝试应用提炼出的教学策略和方法；定期收集教师的反馈和学生的学习效果，以评估策略方法的有效性。

持续改进：根据教师的反馈和学生的学习效果，不断调整和优化教学策略和方法。在下次总结会议上，分享新的教学经验和成功案例，形成持续改进的良性循环。

2.撰写总结报告：撰写总结报告，记录实施过程、成效与不足，为后续工作提供参考

※ 总结报告

项目名称：道德与法治融合教育模式实施

报告日期：＿＿＿＿＿＿

本报告旨在全面总结道德与法治融合教育模式在本学期／本

学年的实施过程、取得的成效和存在的不足，为后续工作的持续改进和优化提供参考依据。通过本次实施，我们期望能够进一步提升学生的道德认知与法治意识，促进其全面发展。

一、实施过程

策划与准备：成立了项目实施小组，明确了各成员的责任与分工；制定了详细的实施计划，包括教学目标、教学内容、教学方法及评估方式等；对参与教师进行了专项培训，确保他们能够理解并掌握融合教育模式的核心理念与教学方法。

教学实施：在课堂教学中，注重道德与法治知识的有机融合，通过案例分析、角色扮演、小组讨论等多种形式，激发学生的学习兴趣与参与度；开展了丰富多彩的课外活动，如法治知识竞赛、道德讲堂等，增强学生的实践体验与情感共鸣；利用现代信息技术手段，如多媒体教学、在线互动等，丰富教学资源与形式，提高教学效果。

评估与反馈：定期进行学生评估，包括知识测试、行为观察、问卷调查等，以全面了解学生的学习成效与行为变化；收集学生、家长及教师的反馈意见，及时调整教学策略与方法，确保教学目标的达成。

二、成效分析

学生层面：道德与法治知识掌握程度明显提高，能够准确理解并运用相关概念与原理；道德认知与法治意识得到增强，能够在日常生活中自觉遵守道德规范与法律法规；思维能力、创新能力与实践能力得到提升，能够灵活运用所学知识解决实际问题。

教师层面：教学理念得到更新，更加注重学生的全面发展与个性化需求；教学方法得到改进，更加注重学生的主体地位与参与度，提高了教学效果；专业素养得到提升，能够更加熟练地运用融合教育模式进行教学。

学校层面：道德与法治教育水平得到提高，形成了良好的教育氛围与文化；家校合作得到加强，家长对学校的认同度与满意度提高；社会声誉得到提升，得到了社会各界的广泛认可与好评。

三、不足与改进建议

不足：部分教师在融合教学模式的运用上还不够熟练，需要进一步加强培训与指导；部分学生在道德与法治知识的掌握上还存在差异，需要更加关注个体差异与因材施教；课外活动的组织与开展还有待加强，需要更加注重活动的针对性与实效性。

改进建议：加强教师培训与交流，提高教师对融合教学模式的理解与运用能力；采用分层教学、个性化教学等策略，关注每一个学生的发展需求；丰富课外活动形式与内容，提高学生的参与度与兴趣度，同时注重活动的教育意义与实效性。

四、结语

本次道德与法治融合教育模式的实施取得了显著的成效，但也存在一些不足与需要改进的地方。我们将继续秉持"以学生为中心"的教育理念，不断优化教学策略与方法，为学生的全面发展与成长创造更加良好的条件与环境。同时，我们也期待在未来的工作中能够得到更多家长、教师及社会各界的支持与帮助，共同推动道德与法治教育的持续发展与进步。

（二）持续改进

1.优化教学模式和方法

在道德与法治融合教育的实践中，我们不断总结经验，旨在优化教学模式和方法，提升教学质量。优化道德与法治融合教育的教学模式和方法需要综合考虑理论与实践的结合、学生的主体性、差异化教学策略、现代信息技术的融合、师资培训与交流和评估与反馈机制等多个方面。通过不断优化和改进教学模式和方法，我们可以为学生提供更加优质、高效的道德与法治教育，促进其全面发展。

（1）强化理论与实践的结合

案例教学：精选具有代表性的案例，引导学生进行深入分析，将道德与法治知识应用于实际情境中，增强学生的理解和记忆。

实践活动：组织学生参与模拟法庭、社区服务、道德讲堂等实践活动，让学生在实践中体验道德与法治的力量，培养其实际应用能力。

(2) 注重学生的主体性

互动教学：采用小组讨论、角色扮演、辩论等形式，鼓励学生积极参与课堂互动，提高其学习兴趣和主动性。

自主学习：引导学生利用网络资源、图书资料等进行自主学习，培养其独立思考和解决问题的能力。

(3) 差异化教学策略

分层教学：根据学生的学习水平和能力，将其分成不同的层次，制定针对性的教学计划，确保每个学生都能得到适合自己的教育。

个性化指导：关注学生的个性差异和兴趣爱好，提供个性化的学习建议和指导，帮助其发掘潜力，实现全面发展。

(4) 融合现代信息技术

多媒体教学：利用多媒体技术，如视频、音频、动画等，丰富教学内容和形式，提高课堂的吸引力和趣味性。

在线互动：建立在线学习平台，提供课程资源、在线测试、互动讨论等功能，方便学生进行自主学习和交流。

(5) 加强师资培训与交流

定期培训：组织教师参加道德与法治教育的专业培训，更新其教育理念和教学方法，提高其专业素养。

交流分享：鼓励教师之间进行交流与分享，共同探讨教学经验和问题，形成互助合作的良好氛围。

(6) 完善评估与反馈机制

多元评估：采用多种评估方式，如知识测试、行为观察、作品展示等，全面评价学生的学习成效和道德素养。

及时反馈：定期向学生和家长反馈学生的学习情况和表现，听取他们的意见和建议，及时调整教学策略和方法。

2.加强交流合作

为了进一步提升道德与法治融合教育的质量，拓宽教育视野、增强教育创新力、加强与其他学校和教育机构的交流合作显得尤为重要。通过建立交流合作机制、开展联合教学活动、共享教育资源、开展联合研究项目、加强学生交流活动和建立长期合作关系等措施，我们可以共同推动教育的创新和发展，为学生的全面成长和社会的进步贡献力量。

（1）建立交流合作机制

签订合作协议：与其他学校、教育机构签订合作协议，明确合作内容、方式、期限等，确保合作的有序进行。

定期交流会议：组织定期的交流会议，邀请各方代表分享教学经验、成功案例和研究成果，促进信息互通和资源共享。

（2）开展联合教学活动

跨校授课：邀请其他学校的优秀教师来本校授课，或派遣本校教师到其他学校交流教学，让学生接触不同的教学风格和思维方式。

共同研发课程：与其他学校、教育机构合作研发道德与法治融合教育的课程，结合各方优势，打造更具针对性和实效性的教学内容。

（3）共享教育资源

建立资源共享平台：利用现代信息技术建立资源共享平台，上传优质的教学课件、案例、视频等资源，方便各方教师和学生获取和使用。

互派教师学习：安排教师到其他学校、教育机构进行短期学习或进修，学习先进的教学理念和方法，提升教学水平。

（4）开展联合研究项目

合作研究课题：与其他学校、教育机构合作开展道德与法治融合教育的研究课题，共同探索教育的规律和趋势。

共同申报项目：联合申报各级教育部门的项目，争取更多的资金和政策支持，推动教育的深入发展。

（5）加强学生交流活动

组织学生互访：安排学生到其他学校进行互访交流，让学生接触不同的学习环境和文化氛围，拓宽视野。

共同举办活动：与其他学校、教育机构共同举办道德与法治相关的活动，如知识竞赛、演讲比赛等，增强学生的参与度和兴趣度。

(6) 建立长期合作关系

持续跟踪合作效果：定期对交流合作的效果进行评估和总结，及时调整合作策略和方法，确保合作的持续性和有效性。

拓展合作领域：在道德与法治融合教育的基础上，逐步拓展合作领域，如心理健康教育、艺术教育等，促进学生的全面发展。

通过以上步骤和流程的实施，可以系统地推进道德与法治融合教育模式的有效开展，提升学生的道德品质、法治观念和综合素质。

第三节　实施保障

在探索与实践道德与法治融合教育模式的征途中，我们深刻认识到，任何教育理念与模式的成功落地，都离不开坚实的保障体系作为支撑。本节将聚焦于构建这一创新教育模式顺利实施的全方位保障框架，涵盖政策引导、制度建设、资源配置等关键领域。我们旨在通过明确政策导向，建立健全相关制度机制，优化教育资源配置，为道德与法治融合教育模式的深入实施铺设一条稳固的道路。这不仅是对当前教育改革需求的积极响应，更是对未来教育发展方向的前瞻性布局，力求在保障教育质量的同时，促进学生的全面发展，培养具有高尚道德情操和坚定法治意识的新时代公民。

一、实施保障的定义与重要性

实施保障是一个广泛的概念，它涵盖了为了保障某个项目、计划或政策的顺利执行而采取的一系列措施。通过制定有效的保障措施，我们可以为整体行动的成功实施提供有力的支持，推动各项任务的顺利完成。可以说，实施保障直接关系到项目、计划或政策的成功与否。

(一) 实施保障的定义

实施保障是指在项目、计划、政策或任何预定行动的执行过程中，为确保其能够按照既定的目标、时间表和质量标准顺利进行所采取的一系列组织、管理、监控和支持措施。这些措施旨在预防潜在风险，及时应对和解决实施过程中遇到的问题，同时提供必要的资源、技术和人力支持，以确保整体行动的成功实施。

(二) 实施保障的重要性

确保目标实现：实施保障是确保项目、计划或政策能够按照预定目标顺利实现的关键。通过有效的保障措施，可以确保各项任务得到及时、准确和高效的执行，从而达成既定的目标。

降低风险：在项目、计划或政策的实施过程中，总会遇到各种潜在的风险和挑战。实施保障通过风险识别、评估和预防措施的制定，可以有效降低这些风险的发生概率和影响程度，保障整体行动的稳定进行。

提高执行效率：实施保障通过提供必要的资源、技术和人力支持，以及优化实施流程和管理机制，可以显著提高项目、计划或政策的执行效率。这有助于缩短实施周期，降低成本，提升整体效益。

增强应对能力：面对实施过程中出现的突发问题和挑战，实施保障要求建立快速响应机制，确保问题能够得到及时、有效的解决。这有助于增强项目团队的应对能力，保障整体行动的顺利进行。

促进持续改进：实施保障还包括对实施过程的持续监控和评估，以及对反馈信息的及时收集和分析。这有助于发现实施过程中存在的问题和不足，为后续的改进和优化提供重要依据，推动项目、计划或政策的持续改进和发展。

二、实施保障的主要内容

（一）项目管理

1.监督与管理：对项目实施过程进行全面的监督和管理，确保各项任务按计划进行

在道德与法治融合教育模式的实施中，监督与管理是确保项目顺利推进、高质量完成的关键环节。这一环节要求对项目实施过程进行全面的监督和管理，确保各项任务能够按照既定计划有序进行。

道德与法治融合教育模式作为教育改革的重要方向，其实施过程涉及多个方面和环节，需要全面的监督与管理来确保项目的成功。通过有效的监督与管理，可以及时发现并纠正实施过程中的偏差和问题，保障项目目标的顺利实现。

（1）监督与管理的目标

确保计划执行：对项目实施过程中的各项任务进行全面监督，确保任务按照既定计划和时间表有序进行。

保障教育质量：通过监督与管理，确保教学内容、教学方法和教学资源等符合教育法规和政策要求，保障教育质量。

优化资源配置：对项目资源进行合理分配和调整，确保资源的高效利用，避免浪费和重复建设。

促进团队协作：加强项目团队成员之间的沟通与协作，形成合力，共同推进项目的实施。

（2）监督与管理的内容

任务监督：对项目实施过程中的各项任务进行定期检查和评估，确保任务按时、按质完成。

质量监控：建立教学质量监控体系，对教学内容、教学方法和教学效果进行定期评估，及时发现问题并进行改进。

资源管理：对项目资源（包括人力、物力、财力等）进行合理分配和调度，确保资源的有效利用和项目的顺利进行。

风险管理：对项目实施过程中可能出现的风险进行识别和评估，制定风险应对策略和预案，确保项目的稳健推进。

（3）监督与管理的方法

建立监督机制：明确监督的职责、流程和标准，确保监督工作的有序进行。可以设立专门的监督小组或指定监督人员负责项目的监督工作。

采用信息化手段：利用信息化手段（如项目管理软件、在线协作平台等）对项目实施过程进行实时监控和数据分析，提高监督效率和管理水平。

开展定期评估：定期对项目实施情况进行评估和总结，分析存在的问题和不足，提出改进意见和建议。

加强沟通与协作：建立有效的沟通机制，加强项目团队成员之间的信息与经验交流，促进团队协作和共同进步。

（4）监督与管理的保障措施

制度保障：建立健全项目管理制度和规定，明确各项任务的责任人和完成时间，为监督与管理提供制度保障。

人员保障：加强项目团队成员的培训和管理，提高其专业素养和管理能力，确保他们能够有效地参与监督与管理工作。

资源保障：为监督与管理提供必要的经费、设备、场地等支持，确保监督与管理工作的顺利进行。

激励与约束：建立激励与约束机制，对表现优秀的团队成员进行表彰和奖励，对违规行为进行惩罚和纠正，确保监督与管理的有效性和权威性。

（5）结语

监督与管理是道德与法治融合教育模式实施保障中的重要环节。通过全面的监督与管理，可以确保项目各项任务按计划进行，保障教育质量，优化资源配置，促进团队协作。因此，应高度重视监督与管理工作，建立健全相关制度和保障措施，为道德与法治融合教育模式的成功实施提供有力支持。

2.进度控制：定期检查和评估项目进展，及时调整进度计划以应对延误

在道德与法治融合教育模式的实施过程中，进度控制是确保项目按时完成、高效推进的关键环节。通过定期检查和评估项目进展，可以及时发现存在的问题和延误，进而调整进度计划，采取有效措施以应对。

道德与法治融合教育模式作为教育改革的重要创新，其实施过程需要精细的进度控制来确保各项任务能够按时完成，进而实现项目目标。进度控制不仅关乎项目的时效性，更直接影响教育质量和效果。

（1）进度控制的目标

确保按时完成：通过进度控制，确保项目各阶段的任务能够按照既定的时间表和计划顺利完成。

优化资源配置：根据项目进展及时调整资源分配，确保资源的高效利用，避免浪费。

提高教育质量：通过合理的进度安排和及时的调整，为教师和学生提供充足的时间和空间，确保教育质量的稳步提升。

（2）进度控制的内容

定期检查：定期对项目进展进行检查，包括任务完成情况、时间节点是否达标等，以获取准确的项目进度信息。

评估进展：基于检查的结果，对项目进展进行评估，识别存在的问题和延误，分析原因。

调整计划：根据评估结果，及时调整进度计划，包括重新分配任务、调整时间节点等，以应对延误和问题。

沟通协调：加强项目团队成员之间的沟通与协调，确保进度调整的信息能够及时传达，达成共识。

（3）进度控制的方法

制定详细计划：在项目开始之前，制定详细、可行的进度计划，包括各阶段的任务、时间节点、责任人等。

使用工具辅助：利用项目管理软件、甘特图等工具对项目进度进行可视化管理，便于跟踪和调整。

建立反馈机制：建立有效的反馈机制，鼓励项目团队成员及时报告进度问题和延误，以便迅速作出调整。

灵活应对变化：对于项目实施过程中出现的不可预见因素，如政策调整、资源短缺等，要灵活应对，及时调整进度计划。

（4）进度控制的保障措施

制度保障：建立健全项目管理制度，明确进度控制的职责、流程和标准，为进度控制提供制度保障。

人员培训：加强项目团队成员的进度控制意识和能力培训，确保他们能够有效地参与进度控制工作。

资源支持：为进度控制提供必要的经费、设备、场地等支持，确保进度控制工作的顺利进行。

激励与约束：建立激励与约束机制，对按时完成任务的团队成员进行表彰和奖励，对延误任务的团队成员进行适当的惩罚和纠正。

（5）结语

进度控制是道德与法治融合教育模式实施保障中的重要环节。通过定期检查和评估项目进展，及时调整进度计划以应对延误，可以确保项目的顺利推进和高效完成。因此，应高度重视进度控制工作，建立健全相关制度和保障措施，为道德与法治融合教育模式的成功实施提供有力支持。

（二）资源保障

1.物资资源：确保项目实施所需的设备、材料等资源充足且质量合格

在道德与法治融合教育模式的深入实践中，物资资源作为项目实施的基石，其充足性与质量直接关乎教育活动的成效与项目的顺利推进。物资资源主要包括但不限于教学设备、教材资料、辅助材料和必要的技术设施等，它们构成了教育活动开展的物质基础。确保物资资源充足且质量合格的关键措施包括：

（1）需求分析与预算规划

在项目启动初期，须进行详尽的需求分析，明确项目实施过程中所需

的各种物资资源及其规格、数量。

基于需求分析，制定合理的预算规划，确保有足够的资金用于采购高质量的物资资源。

（2）严格采购流程

建立完善的采购流程，包括供应商筛选、询价比较、合同签订等环节，确保采购过程的透明与公正。

优先选择信誉良好、产品质量可靠的供应商，必要时可进行实地考察或样品测试。

（3）质量监控与验收

对采购的物资资源进行严格的质量监控，确保所有物资均符合项目要求及国家相关标准。

实施严格的验收程序，对到货的物资进行逐一检查，确保数量无误、质量合格。

（4）库存管理与调配

建立科学的库存管理制度，对物资资源进行合理分类、存储与保管，防止损坏与丢失。

根据项目实施进度，灵活调配物资资源，确保各教学环节的需求得到及时满足。

（5）定期维护与更新

对教学设备等物资进行定期维护与保养，延长其使用寿命，确保教学活动的顺利进行。

根据技术发展与教学需求，适时更新物资资源，保持教育活动的先进性与实效性。

（6）应急储备与应对

针对可能出现的物资短缺或质量问题，建立应急储备机制，确保在紧急情况下能够迅速响应。

制定应急预案，明确在物资资源出现问题时的应对措施与责任分工。

（7）结语

确保道德与法治融合教育模式中物资资源的充足且质量合格是项目成功实施的重要保障。通过需求分析、严格采购、质量监控、库存管理、定期维护和应急储备等措施，可以构建起一个高效、可靠的物资资源保障体系，为教育活动的顺利开展提供有力支撑。

2.人力资源：组建专业的项目团队，提供必要的人员培训和支持

在道德与法治融合教育模式的实施中，组建一个专业的项目团队是确保项目成功推进的关键。这个团队不仅需要具备丰富的教育经验，还需要对道德与法治教育有深刻的理解和独到的见解。

(1) 团队构成

项目负责人：负责整个项目的规划、执行和监控，确保项目按照既定目标和时间表顺利推进。

教学专家：具备道德与法治教育的专业背景，负责教学内容的设计和开发，确保教学内容的准确性和针对性。

技术支持人员：负责项目的技术实施和维护，包括教学平台的搭建、教学资源的整合和技术问题的解决。

行政管理人员：负责项目的日常管理和协调，包括人员调配、物资准备、活动安排等。

(2) 团队选拔

通过严格的选拔程序，确保团队成员具备所需的专业技能和工作经验。

注重团队成员的沟通能力和团队协作精神，确保团队能够高效运作。

(3) 团队培训

在项目开始之前，对团队成员进行系统的培训，包括项目理念、教学目标、教学方法等。

定期组织团队研讨会，分享教学经验和心得，促进团队成员之间的交流和学习。

确保道德与法治融合教育模式的顺利实施，不仅需要组建专业的项目团队，还需要为团队成员提供必要的人员培训和支持。

(4) 培训内容

教育理念培训：使团队成员深入理解道德与法治融合教育的理念和目标，形成共同的教育观念。

教学技能培训：针对道德与法治教育的特点，提供相应的教学技能培训，如课程设计、教学方法、评估方式等。

技术技能培训：针对项目中使用的技术工具和平台，提供必要的技术技能培训，确保团队成员能够熟练运用。

（5）培训方式

线上培训：利用网络平台进行远程培训，方便团队成员随时随地进行学习。

线下培训：组织面对面的培训活动，通过实地操作和互动交流，增强培训效果。

混合式培训：结合线上和线下培训的优势，提供灵活多样的培训方式。

（6）持续支持

在项目实施过程中，为团队成员提供持续的技术支持和教学指导，确保他们能够顺利完成任务。

建立问题反馈机制，及时收集和处理团队成员遇到的问题和困难，为他们提供及时的帮助和支持。

通过以上措施，可以为道德与法治融合教育模式的实施提供有力的人力资源保障。一个专业的项目团队和持续的人员培训与支持，将确保项目的顺利实施和教育目标的达成。

（三）风险控制

1.风险评估：对项目实施过程中可能出现的风险进行全面评估

在道德与法治融合教育模式的实施保障中，风险评估是一项至关重要的工作，它旨在对项目实施过程中可能出现的各类风险进行全面、系统地识别、分析和评价，以便为项目决策提供科学依据，确保项目的顺利实施和目标的达成。

道德与法治融合教育模式作为新时代教育改革的重要方向，其实施过程中不可避免地会遇到各种风险和挑战。为了保障项目的成功实施，必须对项目实施过程中可能出现的风险进行全面评估，制定相应的风险应对策略和措施。

(1) 风险评估的目标与原则

a.目标

通过风险评估，识别项目实施过程中可能遇到的各种风险，分析风险的原因、影响程度和发生概率，为项目决策提供依据，确保项目的顺利实施和目标的达成。

b.原则

全面性原则：风险评估应覆盖项目实施的各个环节和方面，确保不遗漏任何可能的风险点。

客观性原则：风险评估应以事实为依据，客观、公正地分析和评价风险，避免主观臆断和偏见。

动态性原则：风险评估应随项目实施的进展而不断更新和调整，确保评估结果的时效性和准确性。

(2) 风险评估的内容与方法

a.内容

政策与法律风险：评估项目实施过程中可能遇到的政策变化、法律法规调整等风险。

教学资源风险：分析教学资源（如教材、教辅资料、多媒体教学资源等）的获取、使用和管理过程中可能存在的风险。

师资队伍风险：评估师资队伍的资质、能力和稳定性对项目实施的影响。

学生管理风险：分析学生管理过程中可能出现的问题，如学生安全、心理健康、行为规范等。

技术风险：评估项目实施过程中可能遇到的技术难题、设备故障等风险。

财务风险：分析项目资金筹集、使用和管理过程中可能存在的风险。

b.方法

风险识别：采用头脑风暴、德尔菲法、SWOT分析等方法，全面识别项目实施过程中可能遇到的各种风险。

风险分析：对识别出的风险进行深入分析，包括风险的原因、影响程度、发生概率等。

风险评价：根据风险分析的结果，对风险进行排序和分级，确定风险的优先级和应对策略。

(3) 风险应对策略与措施

风险规避：通过调整项目计划、改变实施方案等方式，避免风险的发生。

风险减轻：采取措施降低风险的影响程度和发生概率，如加强师资培训、完善学生管理制度等。

风险转移：通过购买保险、签订合同等方式，将风险转移给第三方。

风险接受：对于无法规避、减轻或转移的风险，应制定应急预案和应对措施，确保项目在风险发生时能够迅速应对和恢复。

(4) 风险评估的保障措施

建立风险评估机制：明确风险评估的职责、流程和标准，确保风险评估工作的有序进行。

加强风险评估培训：提高项目团队成员的风险评估意识和能力，确保他们能够有效地参与风险评估工作。

提供必要的资源支持：为风险评估工作提供必要的经费、设备、场地等支持，确保评估工作的顺利进行。

建立风险监控机制：定期对项目实施过程中的风险进行监控和更新，确保风险评估结果的时效性和准确性。

(5) 结语

风险评估是道德与法治融合教育模式实施保障中的重要环节。通过全面、系统地评估项目实施过程中可能出现的风险，制定相应的风险应对策略和措施，可以为项目的顺利实施和目标的达成提供有力保障。因此，应高度重视风险评估工作，建立健全相关机制和保障措施，确保道德与法治融合教育模式的成功实施。

2.风险应对：制定风险应对策略和预案，及时控制和应对风险事件

在道德与法治融合教育模式的实施过程中，风险应对是确保项目顺利推进、有效达成教育目标的关键环节。制定风险应对策略和预案，旨在及时控制和应对可能出现的风险事件，降低其对项目实施的不利影响。

道德与法治融合教育模式作为教育改革的重要创新，其实施过程中面临着多种不确定性和潜在风险。为了保障项目的成功实施，必须制定科学、有效的风险应对策略和预案，确保在风险事件发生时能够迅速、准确地作出反应，将风险控制在最低水平。

（1）风险应对策略的制定

a.风险识别与评估

首先，通过全面的风险识别与评估，明确项目实施过程中可能遇到的各种风险，包括政策法律风险、教学资源风险、师资队伍风险、学生管理风险、技术风险和财务风险等。

b.策略制定原则

针对性：针对不同类型的风险，制定具体的应对策略，确保策略的有效性和可行性。

灵活性：策略应具备一定的灵活性，以便根据风险事件的实际情况进行调整和优化。

预防性：注重风险的预防和控制，通过提前采取措施降低风险的发生概率和影响程度。

c.具体策略

政策法律风险：密切关注政策动态和法律法规变化，及时调整项目计划和实施方案，确保与国家政策保持一致。

教学资源风险：建立稳定的教学资源供应渠道，加强教学资源的储备和管理，确保教学资源的充足和优质。

师资队伍风险：加强师资培训和管理，提高教师的专业素养和教学能力，确保师资队伍的稳定和高效。

学生管理风险：完善学生管理制度，加强学生的安全教育和心理健康教育，确保学生的身心健康和安全。

技术风险：建立技术支持体系，加强技术设备的维护和更新，确保技术设备的正常运行和稳定。

财务风险：建立健全财务管理制度，加强资金筹集、使用和管理的监督和控制，确保项目资金的安全和有效使用。

(2) 风险应对预案的制定

预案内容：根据风险应对策略，制定详细的风险应对预案，包括风险事件的识别、报告、处理流程、责任分工、应急措施和恢复计划等。

预案演练：定期组织风险应对预案的演练活动，提高项目团队成员的应急反应能力和协作能力，确保在风险事件发生时能够迅速、准确地作出反应。

预案更新：根据项目实施过程中的实际情况和风险评估结果，定期对风险应对预案进行更新和调整，确保预案的时效性和有效性。

(3) 风险应对的保障措施

建立风险应对机制：明确风险应对的职责、流程和标准，确保风险应对工作的有序进行。

加强风险应对培训：提高项目团队成员的风险应对意识和能力，确保他们能够有效地参与风险应对工作。

提供必要的资源支持：为风险应对工作提供必要的经费、设备、场地等支持，确保应对工作的顺利进行。

建立风险监控机制：定期对项目实施过程中的风险进行监控和评估，及时发现并处理潜在风险，确保项目的顺利实施。

(4) 结语

风险应对是道德与法治融合教育模式实施保障中的重要环节。通过制定科学、有效的风险应对策略和预案，加强风险监控和应对工作，可以确保项目在面临风险时能够迅速、准确地作出反应，将风险控制在最低水平，为项目的成功实施和目标的达成提供有力保障。因此，应高度重视风险应对工作，建立健全相关机制和保障措施，确保道德与法治融合教育模式的顺利实施和持续发展。

（四）质量保障

1.质量标准：制定明确的质量标准和验收规范

在道德与法治融合教育模式的实施保障中，质量保障是至关重要的环节，而制定明确的质量标准和验收规范则是确保教育质量达到预期目标的关键。

（1）质量标准的制定原则

全面性原则：质量标准应涵盖教学内容、教学方法、教学资源、师资队伍、学生学习成果等多个方面，确保评价的全面性。

科学性原则：依据教育学、心理学、法学等相关学科理论，结合道德与法治融合教育的特点，科学合理地制定质量标准。

可操作性原则：质量标准应具体、明确，便于实际操作和评估，避免过于抽象或模糊的描述。

发展性原则：随着教育改革的深入和社会的发展，质量标准应适时修订和完善，以适应新的教育要求和挑战。

（2）具体质量标准的制定

a.教学内容标准

融合性：确保道德与法治内容有机融合，相互渗透，避免孤立教学。

时代性：紧跟时代发展步伐，及时将党的重大方针政策和国内外影响较大的时事引入课堂。

针对性：针对不同年级、不同专业学生的特点，设计有针对性的教学内容。

b.教学方法标准

多样性：采用故事教学、情境模拟、角色扮演、案例研讨、法治辩论等多种教学方法，激发学生的学习兴趣和积极性。

互动性：注重师生、生生之间的互动，鼓励学生主动参与、积极思考。

实效性：教学方法应能够有效提升学生的道德素质和法治素养，达到预期的教学效果。

c.教学资源标准

丰富性：提供丰富多样的教学资源，包括教材、教辅资料、多媒体教学资源等。

适用性：教学资源应贴近学生实际，符合教学需求，易于获取和使用。

d.师资队伍标准

专业素养：教师应具备扎实的道德与法治理论基础和丰富的教学经验。

教学能力：能够灵活运用多种教学方法和手段，有效组织课堂教学。

师德师风：教师应以身作则，具备良好的师德师风，成为学生的楷模。

e.学生学习成果验收规范

知识掌握：通过考试、作业等形式检查学生对道德与法治知识的掌握情况。

能力提升：通过案例分析、模拟法庭、社会实践等活动评估学生的道德判断和法治思维能力。

情感态度：观察学生在日常生活中的行为表现，评估其道德品质和法治素养的提升情况。

(3) 结语

制定明确的质量标准和验收规范对于保障道德与法治融合教育质量、提升教学效果具有重要意义。教育工作者应不断探索和创新，为道德与法治融合教育模式的完善和发展贡献力量。

2.质量监控：对项目实施过程进行质量监控，确保成果符合质量要求

在道德与法治融合教育教学的实施保障中，质量监控是确保项目顺利推进、成果符合预期质量要求的关键环节。通过有效的质量监控，可以及时发现并纠正项目实施过程中的问题，确保教育教学活动的顺利进行和成果的高质量达成。

(1) 质量监控的目标与原则

a.目标

明确质量监控的主要目标,即确保道德与法治融合教育教学的实施过程符合既定的质量标准,成果达到预期的质量要求。

b.原则

全面性:监控应覆盖项目实施的各个环节,包括教学内容、教学方法、教学资源、师资队伍、学生学习成果等。

客观性:监控过程应客观、公正,以事实为依据,避免主观臆断。

及时性:监控应及时发现问题,并迅速采取措施进行纠正,确保项目按计划顺利推进。

持续性:质量监控应贯穿项目实施的始终,形成持续改进的机制。

(2) 质量监控的具体措施

a.建立监控体系

成立专门的质量监控小组,负责项目的质量监控工作。

制定详细的质量监控计划和方案,明确监控的时间节点、内容、方法和责任人。

b.实施过程监控

对教学内容、教学方法、教学资源等进行定期检查,确保其符合既定的质量标准。

对师资队伍进行培训和考核,提升其专业素养和教学能力。

对学生的学习过程进行跟踪和评估,及时发现并解决学习中的问题。

c.成果验收与评估

制定明确的成果验收标准和程序,确保成果的质量符合要求。

采用多种评估方法,如考试、作业、案例分析、模拟法庭等,全面评估学生的学习成果。

对评估结果进行反馈和分析,及时发现问题并采取改进措施。

d.信息反馈与持续改进

建立信息反馈机制,及时收集和处理项目实施过程中的问题和建议。

定期对质量监控工作进行总结和分析,提出改进意见和建议。

根据反馈和改进建议,不断完善质量监控体系和实施方案。

(3) 质量监控的保障措施

制度保障：制定完善的质量监控制度，明确各级人员的职责和权限，确保质量监控工作的有序进行。

人员保障：加强质量监控人员的培训和管理，提高其专业素养和工作能力。

资源保障：为质量监控工作提供必要的资源支持，包括经费、设备、场地等。

(4) 结语

质量监控在道德与法治融合教育教学实施保障中具有重要作用，通过全面、客观、及时、持续的质量监控，可以确保项目的顺利实施和成果的高质量达成。

（五）法律与合规性保障

1.法律遵循：确保项目实施过程符合国家和地方的法律法规要求

在道德与法治融合教育教学的实施保障中，确保项目实施过程符合国家和地方的法律法规要求是至关重要的。这不仅是教育活动的基本准则，也是维护教育秩序、保障学生权益的重要保障。

(1) 法律法规意识的培养

首先，项目团队成员应具备强烈的法律法规意识，明确教育教学活动必须在法律的框架内进行。这要求团队成员熟悉并遵守《中华人民共和国教育法》《中华人民共和国义务教育法》《中华人民共和国未成年人保护法》等相关法律法规，确保教育教学活动的合法性和规范性。

(2) 教育教学活动的合规性

教学内容与方法：确保道德与法治融合教育教学的内容符合国家的教育方针和法律法规要求，不得传播违法、违规或不良信息。同时，教学方法和手段也应遵循法律法规，尊重学生的权益和人格尊严。

教学资源的使用：在教育教学过程中，使用的教材、教辅资料、多媒体教学资源等必须合法合规，不得侵犯他人的知识产权或其他合法权益。

学生权益的保护：严格遵守学生权益保护的相关规定，充分确保学生在教育教学活动中的知情权、参与权、表达权和监督权。同时，加强对学生的法治教育，引导学生树立正确的法治观念，自觉遵守法律法规。

(3) 建立健全法律遵循机制

内部管理制度：建立健全项目内部管理制度，明确各级人员的职责和权限，确保教育教学活动的各个环节都有明确的法律遵循要求。

法律风险评估与防控：定期对项目实施过程进行法律风险评估，识别可能存在的法律风险点，并制定相应的防控措施，确保风险可控。

合规培训与监督：定期对项目团队成员进行法律法规培训，提高其法律遵循意识和能力。同时，建立监督机制，对项目实施过程进行定期或不定期的监督检查，确保法律遵循要求得到有效落实。

(4) 加强与外部机构的合作与沟通

与教育行政部门的沟通：主动与教育行政部门保持密切联系，及时了解最新的法律法规政策和要求，确保项目实施过程符合政策导向。

与法律顾问的合作：聘请专业的法律顾问团队，为项目实施过程提供法律咨询和支持，确保各项活动的合法性和规范性。

与家长的沟通与合作：加强与家长的沟通与合作，共同关注学生的健康成长和权益保护，确保家长对项目实施过程的法律遵循要求有充分的了解和认同。

综上所述，确保项目实施过程符合国家和地方的法律法规要求需要从多个方面入手，包括法律法规意识的培养、教育教学活动的合规性、建立健全法律遵循机制和加强与外部机构的合作与沟通等。只有这样，才能为道德与法治融合教育教学的顺利实施提供坚实的法律保障。

2.合规性审查：定期进行合规性审查，避免违法违规行为

在道德与法治融合教育模式的实施保障中，合规性审查是确保项目活动遵循国家法律法规、教育政策和内部管理规定的关键环节。

道德与法治融合教育模式旨在培养学生的法治思维和道德素养，其实施过程必须严格遵循法律法规和教育政策的要求。合规性审查作为项目实施的重要保障措施，对于预防违法违规行为、维护教育秩序具有重要意义。

（1）合规性审查的目标与原则

a.目标

确保道德与法治融合教育模式的实施过程符合国家法律法规、教育政策和内部管理规定的要求，防范和纠正违法违规行为。

b.原则

全面性：审查应覆盖项目实施的各个环节，包括教学内容、教学方法、教学资源、师资队伍、学生管理等方面。

客观性：审查过程应客观、公正，以事实为依据，避免主观臆断和偏见。

及时性：定期进行合规性审查，及时发现并纠正问题，确保项目活动的合规性。

持续性：合规性审查应作为项目实施过程中的常规工作，形成持续改进的机制。

（2）合规性审查的内容与方法

a.内容

审查教学内容是否符合国家教育方针和法律法规要求，是否包含违法、违规或不良信息；

检查教学方法和手段是否合法合规，是否尊重学生的权益和人格尊严；

评估教学资源（如教材、教辅资料、多媒体教学资源等）的合法性和合规性；

监督师资队伍的资质和行为，确保其符合教育教学的法律要求；

审查学生管理过程中的合规性，保障学生的合法权益。

b.方法

采用文档审查、现场观察、访谈调查等多种方式相结合，全面了解项目实施的合规情况；

建立合规性审查小组，由专业人士负责审查工作，确保审查的准确性和有效性；

定期对审查结果进行总结和分析，提出改进建议，并跟踪整改情况。

(3) 合规性审查的保障措施

制度保障：建立健全合规管理制度，明确合规性审查的职责、流程和标准。

人员保障：加强合规管理人员的培训和管理，提高其专业素养和工作能力。

资源保障：为合规性审查提供必要的资源支持，包括经费、设备、场地等。

监督与反馈：建立监督机制，对合规性审查工作进行定期或不定期的监督检查，确保审查工作的有效实施。同时，建立反馈机制，及时收集和处理审查过程中发现的问题和建议。

(4) 结语

合规性审查是道德与法治融合教育模式实施保障中的重要环节。通过定期进行合规性审查，可以确保项目活动的合规性，防范和纠正违法违规行为，维护教育秩序和学生的合法权益。因此，应高度重视合规性审查工作，建立健全相关制度和保障措施，为道德与法治融合教育模式的顺利实施提供坚实的保障。

三、实施保障的具体措施

（一）制定详细的实施方案：在项目实施前，制定详细的实施方案，明确项目目标、任务分工、时间节点和资源配置等

1.师资队伍建设与培训

引进专业人才：学校应积极引进法律及道德教育领域的专业人才，特别是具有法律背景且持有教师资格证书的毕业生，充实教学队伍。

在职教师培训：定期组织道德与法治课教师进行专业培训，包括最新的法律法规、道德教育理论、教学方法与技巧等，提升教师的专业素养和教学能力。

建立交流平台：搭建教师交流平台，鼓励教师之间分享教学经验，开展集体备课、教学研讨等活动，促进教师之间的合作与成长。

2.教学资源开发与整合

教材挖掘与拓展：深入分析道德与法治教材，挖掘其中的德法融合点，结合学生生活实际进行拓展与延伸，丰富教学内容。

多媒体资源利用：充分利用多媒体教学设备，制作生动有趣的课件、视频等教学资源，提高课堂教学的吸引力和有效性。

校内外资源整合：加强与社区、法院、律所等单位的合作，邀请专业人士进校园开展讲座、模拟法庭等活动，为学生提供更广阔的学习视野和实践机会。

3.教学评价体系构建

多维评价内容：建立包括学习目标、学习态度、课堂表现、习惯养成等多维度的评价体系，全面评价学生在道德与法治融合教育模式下的成长与进步。

多样评价方法：采用成长记录评价、延迟评价、合作评价等多种评价方式，确保评价的公正性和科学性，同时激发学生的积极性和创造力。

多元评价主体：鼓励学生、同伴、教师、家长、社会等多元主体共同参与评价过程，形成开放、宽松的评价氛围，帮助学生从不同角度认识自我、解决问题。

4.家校合作与社区支持

加强家校沟通：建立定期的家校沟通机制，及时向家长反馈学生在道德与法治融合教育模式下的学习情况和成长变化，争取家长的理解和支持。

开展社区活动：组织学生参与社区法治宣传、志愿服务等实践活动，让学生在真实的社会环境中体验法治精神，增强社会责任感。

利用社区资源：积极争取社区的支持与配合，利用社区的法律服务资源为学生提供法律咨询、法律援助等服务，保障学生的合法权益。

5.制度保障与激励机制

完善规章制度：学校应制定和完善关于道德与法治融合教育模式实施的相关规章制度，明确各部门的职责分工和工作要求，确保各项工作的顺利推进。

建立激励机制：对于在道德与法治融合教育模式实施中表现突出的教师和学生给予表彰和奖励，激发他们的积极性和创造力。

持续监督与反馈：建立持续的监督与反馈机制，定期对道德与法治融合教育模式的实施情况进行评估和总结，及时调整和完善实施方案。

通过以上具体措施的实施，可以为道德与法治融合教育模式的顺利推进提供坚实的保障和支持。

（二）建立有效的沟通机制：建立项目团队内部及与外部利益相关者的有效沟通机制，确保信息畅通无阻

在道德与法治融合教育模式的实施保障中，建立有效的沟通机制是至关重要的一环。以下是关于如何建立项目团队内部和与外部利益相关者有效沟通机制的详细描述：

1.项目团队内部沟通机制

（1）定期会议制度

设立定期的项目团队会议，如周会、月会等，确保团队成员能够定期聚集在一起，分享工作进展、遇到的问题和需要的支持。

会议应明确议程，确保讨论内容聚焦且高效。

（2）信息共享平台

利用现代信息技术，如企业内部通信软件（如钉钉、微信企业版等）、云文档共享平台等，建立项目信息共享空间。

团队成员可以实时上传工作资料、分享教学心得、提出疑问或建议，实现信息的即时传递和共享。

（3）角色与责任明确

在项目启动之初，明确每个团队成员的角色、职责和期望成果，确保每个人都清楚自己的任务和目标。

通过定期的角色审查和责任评估，确保团队成员能够按照既定计划执行工作。

（4）反馈与调整机制

鼓励团队成员之间互相提供正面和建设性的反馈，以促进个人和团队的成长。

设立定期的项目评估环节，根据反馈和实际情况调整项目计划或策略。

2.与外部利益相关者的沟通机制

（1）家长沟通渠道

设立家长委员会或家长代表制度，定期与家长进行沟通，介绍项目进展、学生表现及需要家长配合的事项。

利用家校通信软件、家长会等形式，保持与家长的密切联系，及时解答家长的疑问和关切。

（2）学校管理层沟通

定期向学校管理层汇报项目进展、成果及遇到的问题，寻求管理层的支持和指导。

与管理层共同制定项目发展的长期规划和短期目标，确保项目与学校整体发展战略相契合。

（3）外部专家与合作机构沟通

与法律、教育领域的专家建立联系，邀请他们参与项目指导、培训或评估活动。

与合作机构（如法院、律所、社区等）保持密切沟通，共同策划和实施相关教育活动，确保项目资源的有效利用。

（4）社会媒体与公众沟通

利用学校官网、社交媒体等平台，定期发布项目动态、成果展示及学生作品等，提高项目的社会知名度和影响力。

设立公众反馈渠道，如意见箱、在线调查等，收集公众对项目的意见和建议，不断优化项目实施。

3.沟通机制的实施与监督

（1）制定沟通计划

根据项目需求和利益相关者特点，制定详细的沟通计划，包括沟通目标、内容、方式、时间等。

（2）培训与交流

对团队成员进行沟通技巧和方法的培训，提高他们的沟通能力和效率。

鼓励团队成员之间的交流与分享，促进团队凝聚力和协作精神。

（3）监督与评估

设立沟通机制的监督与评估环节，定期对沟通效果进行评估和分析。

根据评估结果及时调整沟通策略和方法，确保沟通机制的有效运行和持续改进。

通过以上措施的实施，可以建立项目团队内部、团队与外部利益相关者之间的有效沟通机制，确保信息畅通无阻，为道德与法治融合教育模式的顺利实施提供有力的保障。

（三）强化培训与教育：对项目团队成员进行必要的培训和教育，提高其专业素质和技能水平

在道德与法治融合教育模式的实施保障中，强化培训与教育对于提升项目团队成员的专业素质和技能水平至关重要。以下是关于如何对项目团队成员进行必要培训和教育的详细描述：

1.培训目标设定

明确培训需求：通过调研和访谈，了解项目团队成员在道德与法治融合教育方面的现有知识、技能和经验，以及他们希望提升的领域。

设定具体目标：根据培训需求，设定明确的培训目标，如提高法律素养、增强道德教育能力、掌握融合教学方法等。

2.培训内容设计

法律法规知识：组织团队成员学习相关法律法规，包括教育法、未成年人保护法、预防未成年人犯罪法等，确保他们具备基本的法律素养。

道德教育理论：介绍道德教育的基本理论、原则和方法，帮助团队成员深入理解道德教育的内涵和价值。

融合教学策略：探讨如何将道德与法治有效融合于教学中，包括课程设计、教学方法、评价手段等方面的策略。

实践技能提升：通过案例分析、模拟教学、角色扮演等方式，提升团队成员在实际教学中的操作能力和应变能力。

3.培训方式选择

集中培训：定期组织集中培训活动，如专题讲座、研讨会等，邀请专家或资深教师授课，确保团队成员能够系统学习相关知识。

分散自学：鼓励团队成员利用业余时间进行自学，提供相关的学习资源和指导，如在线课程、书籍、文章等。

师徒结对：建立师徒结对制度，让有经验的教师指导新教师或经验较少的教师，通过传帮带的方式提升整个团队的专业水平。

4.培训效果评估

过程评估：在培训过程中，通过观察、提问、测试等方式，及时了解团队成员的学习情况和进步程度。

结果评估：在培训结束后，通过考核、展示、反馈等方式，对团队成员的培训成果进行全面评估，确保培训效果达到预期。

5.持续教育与发展

建立学习机制：鼓励团队成员持续学习，定期更新知识和技能，保持与时俱进。

提供发展机会：为团队成员提供参加学术会议、研修班、交流活动等机会，拓宽他们的视野和知识面。

激励与奖励：对在培训和学习中表现突出的团队成员给予物质和精神上的激励与奖励，激发他们的学习积极性和创造力。

通过以上措施的实施，可以强化对项目团队成员的培训与教育，提高他们的专业素质和技能水平，为道德与法治融合教育模式的顺利实施提供有力的人才保障。

（四）引入第三方监督与评估：引入第三方机构对项目实施过程进行监督和评估，确保项目质量和进度符合要求

在道德与法治融合教育模式的实施保障中，引入第三方监督与评估是确保项目质量、提升实施效果的重要环节。

1.明确引入第三方监督与评估的目的

引入第三方监督与评估旨在通过专业、客观、公正的外部视角，对道德与法治融合教育模式的实施过程、成果及影响进行全面、深入的分析和评价，以发现问题、总结经验、改进工作，确保项目目标的顺利实现。

2.选择合格的第三方机构

资质审查：对候选的第三方机构进行严格的资质审查，确保其具备相关领域的专业背景、研究能力和评估经验。

信誉评估：了解候选机构在行业内的声誉和口碑，选择信誉良好、公正无私的机构进行合作。

需求分析：根据项目的具体需求和目标，选择能够提供针对性、个性化监督与评估服务的机构。

3.明确监督与评估的内容和标准

内容确定：与第三方机构共同确定监督与评估的具体内容，包括项目实施过程、教学质量、学生表现、社会影响等方面。

标准制定：根据相关法律法规、政策文件及项目目标，制定明确的评估标准和指标体系，确保评估的准确性和有效性。

4.实施监督与评估

过程监督：第三方机构定期对项目的实施过程进行监督，包括教学计划的执行、教学方法的运用、学生参与度等方面，及时发现问题并提出改进建议。

成果评估：在项目结束后，第三方机构对项目成果进行全面的评估，包括学生的法律知识掌握程度、道德素养提升情况、教学模式的创新性等，为项目的后续发展提供数据支持和决策依据。

反馈与改进：及时将第三方机构的监督与评估结果反馈给项目团队，组织团队成员进行研讨和分析，针对存在的问题制定改进措施，并跟踪改进效果。

5.保障监督与评估的独立性和公正性

合同签订：与第三方机构签订正式的监督与评估合同，明确双方的权利和义务，确保评估工作的独立性和客观性。

保密协议：与第三方机构签订保密协议，确保项目信息的安全和保密，防止信息泄露对项目实施造成不良影响。

避免利益冲突：在选择第三方机构时，避免选择与项目团队存在利益关系的机构，确保评估结果的公正性和准确性。

6.利用监督与评估结果促进项目发展

总结经验：根据第三方机构的监督与评估结果，总结项目实施的成功经验和存在的问题，为后续项目的开展提供借鉴和参考。

改进工作：针对评估中发现的问题和不足，及时制定改进措施并付诸实施，不断提升项目的质量和效果。

宣传推广：利用评估结果展示项目的成果和亮点，增强项目的社会影响力和认可度，为项目的持续发展奠定坚实基础。

通过以上措施的实施，可以引入合格的第三方机构对道德与法治融合教育模式的实施进行监督和评估，确保项目的顺利推进和有效实施。

（五）建立应急响应机制：针对可能出现的突发事件或紧急情况，制定应急响应预案，确保能够迅速应对并减少损失

在道德与法治融合教育模式的实施过程中，建立应急响应机制是确保项目在面临突发情况或挑战时能够迅速、有效地应对，保障项目顺利实施和学生安全的重要措施。

1.明确应急响应机制的目标和原则

目标设定：确保在道德与法治融合教育模式实施过程中，一旦发生突发事件或紧急情况，能够迅速启动应急响应机制，及时采取措施，最大限度地减少损失和影响。

原则遵循：坚持预防为主、综合治理、快速反应、有效控制的原则，确保应急响应机制的针对性和实效性。

2.组建应急响应团队

团队组建：成立由项目负责人、教师代表、学校管理层、安全保卫人员等组成的应急响应团队，明确各成员的角色和职责。

培训演练：定期组织应急响应团队成员进行应急知识和技能的培训，开展应急演练，提高团队成员的应急处理能力和协作水平。

3.制定应急预案

风险识别：对道德与法治融合教育模式实施过程中可能遇到的突发事

件或紧急情况进行风险识别，包括自然灾害、安全事故、学生冲突等。

预案制定：针对识别出的风险，制定详细的应急预案，明确应急响应的流程、措施、责任人和联系方式等。

预案更新：根据项目实施过程中的实际情况和外部环境的变化，及时更新和完善应急预案，确保其有效性和适用性。

4.建立应急响应流程

事件报告：一旦发生突发事件或紧急情况，相关人员应立即向应急响应团队报告，说明事件的时间、地点、性质、影响等。

紧急处置：应急响应团队在接到报告后，应立即启动应急预案，组织相关人员进行紧急处置，控制事态发展，防止损失扩大。

信息通报：及时向学校管理层、家长、学生及相关部门通报事件情况和处理进展，保持信息畅通，避免谣言传播。

后续处理：在事件得到控制后，组织相关人员进行后续处理，包括事故调查、原因分析、责任追究、整改措施等。

5.加强应急物资和设施保障

物资储备：根据应急预案的需求，储备必要的应急物资，如急救药品、消防器材、安全疏散标识等。

设施检查：定期对校园内的安全设施进行检查和维护，确保其在紧急情况下能够正常使用。

6.建立应急响应机制的监督和评估机制

监督执行：设立专门的监督机构或人员，对应急响应机制的执行情况进行监督，确保其得到有效落实。

评估改进：定期对应急响应机制进行评估和总结，分析存在的问题和不足，提出改进建议，不断完善应急响应机制。

通过以上措施的实施，可以建立起一套完善、高效的应急响应机制，为道德与法治融合教育模式的顺利实施提供有力的保障。在面临突发事件或紧急情况时，能够迅速、有效地应对，保障学生的安全和项目的顺利进行。

四、实施保障的效果评估与改进

（一）效果评估：在项目实施过程中和结束后，对实施保障的效果进行全面评估，总结经验教训

全面评估道德与法治融合教育模式的实施保障效果，深入分析该模式在实际运行中的表现，总结经验教训，可以为后续的教育改革提供有力支持。评估将围绕保障措施的有效性、实施过程的顺利性和教育成果的显著性等方面展开。

1.评估框架与标准

保障措施的有效性：评估各项保障措施（如政策支持、资源配置、师资培训等）是否得到有效落实，以及它们对教育模式实施的支撑作用。

实施过程的顺利性：考察教育模式在实施过程中是否遇到重大障碍，以及这些问题是否得到及时解决，确保教育活动的顺利进行。

教育成果的显著性：通过对比实施前后的学生表现、教师反馈、家长评价等多维度数据，评估教育模式对学生道德品质和法治意识提升的实际效果。

2.评估方法与数据来源

问卷调查：向学生、教师、家长发放问卷，收集他们对教育模式实施保障的看法和评价。

实地观察：深入课堂和校园，观察教育模式的实际运行情况和保障措施的执行效果。

数据对比：收集实施前后的学生成绩、行为表现、教师评价等数据，进行对比分析。

访谈与座谈：与相关人员进行深入交流，了解他们的真实感受和意见。

3.评估结果与分析

（1）保障措施的有效性评估

政策支持方面：政府和教育部门提供了明确的政策指导和支持，为教育模式的实施提供了有力保障。

资源配置方面：学校和教育机构在教材、教具、场地等方面进行了充分准备，满足了教育模式的需要。

师资培训方面：通过定期培训和交流活动，提升了教师的专业素养和教学能力，为教育模式的实施提供了人才支持。

（2）实施过程的顺利性评估

在实施过程中，虽然遇到了一些问题和挑战，但通过及时调整和改进，问题得到了有效解决，确保了教育活动的顺利进行。

教师和学生对教育模式的接受度较高，积极参与其中，形成了良好的教学氛围。

（3）教育成果的显著性评估

学生表现方面：通过对比实施前后的数据，发现学生在道德品质和法治意识方面有了显著提升，具体表现在行为规范、法律意识、社会责任感等方面。

教师反馈方面：教师普遍认为教育模式有助于提升学生的综合素质和能力，对教学效果表示满意。

家长评价方面：家长对教育模式持积极态度，认为它有助于培养孩子的良好品德和法治观念。

4.问题与建议

问题：在实施过程中，仍存在一些问题和不足，如部分教师对新的教学模式不太适应、部分学生对道德与法治课程兴趣不高等。

建议：加强教师培训，提高他们对道德与法治融合教育模式的理解和认同度；丰富教学内容和形式，激发学生的学习兴趣和积极性；加强家校合作，共同推动教育模式的深入实施。

5.结论与展望

通过全面评估道德与法治融合教育模式的实施保障效果，我们发现该模式在提升学生道德品质和法治意识方面取得了显著成效。同时，也存在一些问题和不足需要改进。展望未来，我们将继续加强保障措施的有效性、优化实施过程、提升教育成果显著性，为培养具有高尚品德和法治观念的新时代人才贡献力量。

（二）持续改进：根据评估结果，对实施保障措施进行持续改进和优化，提高项目实施效率和成功率

道德与法治融合教育模式的实施保障的持续改进是一个持续、动态的过程，旨在不断优化和提升该模式的教学效果和影响力。以下是一些关于如何进行持续改进的建议：

1.定期评估与反馈

建立评估机制：定期（如每学期或每年）对道德与法治融合教育模式的实施效果进行全面评估，包括学生表现、教师反馈、家长评价等多个维度。

收集反馈意见：通过多种渠道（如问卷调查、访谈、座谈会等）收集师生、家长和社会各界的反馈意见，了解他们对模式的看法和建议。

2.问题诊断与分析

识别问题：基于评估结果和反馈意见，识别出在模式实施过程中存在的问题和挑战，如教学内容不够贴合实际、教学方法单一、教学资源不足等。

深入分析：对识别出的问题进行深入分析，找出问题的根源和影响因素，为制定改进措施提供依据。

3.制定改进措施

调整教学内容：根据时代发展和社会需求，适时更新和调整教学内容，使其更加贴近学生生活实际和社会热点问题。同时，注重道德与法治内容的有机融合，避免生硬拼接。

创新教学方法：探索多样化的教学方法和手段，如案例教学、角色扮演、小组讨论等，激发学生的学习兴趣和主动性。同时，利用现代信息技术手段，如多媒体教学、网络教学等，丰富教学手段和资源。

加强师资培训：定期对教师进行道德与法治融合教育理念的培训和指导，提高他们的专业素养和教学能力。鼓励教师参与相关研究和交流活动，不断提升自身的教学水平。

完善教学资源：加大对道德与法治融合教育模式的投入力度，完善相关教学资源和设施。积极开发和利用优质的教学资源，如教材、教辅资料、网络课程等，为师生提供丰富多样的学习材料。

4.实施与监控

实施改进措施：按照制定的改进措施实施，确保各项措施得到有效落实。在实施过程中，注重与师生的沟通和协调，及时解决实施过程中出现的问题。

监控实施效果：对改进措施的实施效果进行持续监控和评估，了解改进措施的实际效果和影响。根据监控结果及时调整和改进措施，确保持续改进工作取得实效。

5.总结与反思

总结经验：定期总结道德与法治融合教育模式的实施经验和成功案例，提炼出可复制、可推广的经验和做法。

反思不足：对实施过程中存在的问题和不足进行深刻反思和剖析，找出问题的根源和原因。通过反思不断改进和完善实施保障措施，推动道德与法治融合教育模式的持续优化和发展。

通过以上持续改进措施的实施，我们可以不断优化和提升道德与法治融合教育模式的实施效果和质量，更好地服务于学生的全面发展和社会的法治建设。

实施保障是确保项目、计划或政策顺利执行的关键环节。通过制定详细的实施方案、建立有效的沟通机制、强化培训与教育、引入第三方监督与评估和建立应急响应机制等措施，可以为项目实施提供坚实的保障。同时，效果评估与持续改进机制的不断完善，可以不断提高实施保障的质量和效果。

第四章 实践案例与效果分析

经过前三章对道德与法治融合教育模式的理论基础、构建框架及实施策略的深入探讨，我们已经为该模式的实践应用奠定了坚实的理论基础。然而，理论的价值在于指导实践，实践的效果才是检验理论真伪的最终标准。因此，本章将重点转向实践层面，通过具体案例来分析道德与法治融合教育模式的实施效果。

本章将选取几个具有代表性的实践案例，这些案例涵盖了不同地区、不同类型的学校和教育机构，以确保分析的全面性和普遍性。我们将详细描述这些案例的实施过程、方法手段、遇到的挑战和应对策略，为读者提供丰富的实践经验和参考。

更重要的是，本章将对每个案例的实施效果进行深入分析。我们将从学生的道德素养、法治观念、行为习惯等多个维度出发，评估该模式对学生全面发展的促进作用。同时，我们也将关注该模式对教师教学能力的提升、学校教育质量的改善和社会和谐稳定的贡献，以期全面揭示道德与法治融合教育模式的实践价值。

通过本章的学习，读者将能够更加直观地认识到道德与法治融合教育模式的实践效果，了解该模式在不同情境下的应用方式和效果差异。我们相信，这些实践案例和效果分析将为该模式的进一步推广和优化提供有力的支持。

第一节　实践案例

本节精选了五个比较成功的道德与法治融合教育的实践案例，展现了道德与法治融合教育的具体做法、成效，为道德与法治融合教育实践提供参考。

※【案例一】

惠州市惠台学校八年级（5）班
道德与法治融合教育模式的探索与实践

一、引言

在新时代背景下，道德与法治教育对于青少年的成长至关重要。惠州市惠台学校八年级（5）班作为学校教育改革的试点班级，积极响应国家号召，创新性地实施了道德与法治融合教育模式。本案例旨在详细展示该班级的具体做法及其取得的成效，为同类教育实践提供参考。

二、实践背景与目标

惠州市惠台学校八年级（5）班共有学生50名，面临着青春期特有的挑战，如价值观形成、自我认知增强等。传统的道德与法治教育方式往往过于理论化，难以引起学生的共鸣。因此，班级决定探索一种将道德与法治教育融入日常教学、生活实践的新模式，旨在培养学生的道德素养、法治观念和社会责任感。

三、具体做法

课程融合创新：设计跨学科主题单元，如"法治与文学""道德与科学"等，将道德与法治元素巧妙融入语文、历史、科学等学科；开展"模拟法庭"活动，让学生扮演法官、律师、当事人等角色，通过模拟案件审理，加深对法律程序和法律精神的理解。

实践活动与体验：组织"法治进社区"志愿服务活动，让学生参与社区法治宣传、法律援助等，增强社会责任感；设立"道德观察员"制度，鼓励学生发现并记录身边的道德行为或问题，通过班级讨论促进道德认知的提升。

家校共育：定期举办家长讲座，邀请法律专家、心理咨询师等为家长讲解青少年法治教育和心理健康教育的重要性；建立家校联系册，记录学生在家校的道德法治表现，形成教育合力。

评价体系改革：采用多元化评价方式，不仅关注学生的学习成绩，更重视学生的道德行为、法治意识、团队协作能力等综合素质的评价。

四、实施成效

学生素养提升：学生的道德素养和法治观念明显增强，表现在更加尊重他人、遵守规则、勇于承担责任等方面。

※【案例二】

初中道德与法治融合教育模式的探索与实践

一、引言

在新时代教育背景下，惠州市惠台学校积极响应国家号召，致力于培养学生的综合素养，特别是道德与法治意识的提升。本校八年级（3）班作为试点班级，率先实施了道德与法治融合教育模式，通过一系列创新举措，取得了显著成效。

二、学校及班级概况

惠州市惠台学校初中位于城市中心，是一所具良好校风的学校。八年级（3）班共有学生50名，男女比例均衡，学生整体素质较高，但对道德与法治课程的兴趣和认识存在差异。

三、实施道德与法治融合教育模式的具体做法

课程设计融合：将道德与法治课程与语文、历史、社会等学科紧密结合，设计跨学科主题单元，如"法治中国的历史沿革""文学作品中的道德观"等，让学生在多元化学科背景下深入理解道德与法治。

实践活动创新：组织"模拟法庭"活动，选取校园欺凌、网络诈骗等贴近学生生活的案例，让学生扮演法官、律师、当事人等角色，通过模拟审判过程，增强法治观念；开展"道德讲堂"系列讲座，邀请社会楷模、法治副校长等走进校园，分享他们的道德故事和法治经验，激励学生树立正确的价值观。

家校合作共育：定期举办家长法治教育沙龙，邀请法律专家为家长讲解青少年法治教育的重要性，增强家长的法治意识，形成家校共育的良好氛围；设立"家庭法治小作业"，鼓励学生与家长共同完成法治知识问答、案例分析等任务，增进亲子关系的同时，提升家庭法治教育水平。

评价体系改革：建立多元化评价体系，除了传统的笔试外，还增加口头报告、小组项目、实践表现等多种评价方式，全面评估学生的道德与法治素养。

四、实施成效

学生素养提升：经过一年的实践，八年级（3）班学生的道德素养和法治意识显著提升。问卷调查显示，90%以上的学生表示更加尊重他人、遵守规则，遇到问题时能够运用法律思维解决。学生在各类道德与法治竞赛中屡获佳绩，如获市、区级"法治知识竞赛"一等奖、"模拟法庭"展示活动优秀奖等。

教师能力提升：教师在跨学科融合教学中不断探索和实践，教学能力和专业素养得到显著提升。多位教师在市、区级教学比赛中获奖，发表相关论文多篇。

家校关系和谐：家校合作机制的建立促进了家校之间的沟通和理解，家长对学校的满意度提高，家校关系更加和谐。家长积

极参与学校活动,为学校教育提供了有力支持。

社会影响良好:惠州市惠台学校的道德与法治融合教育模式得到了社会各界的广泛关注和好评。多所学校前来参观学习,本校也多次受邀在市、区级教育会议上分享经验。

五、结论与展望

惠州市惠台学校八年级(3)班实施的道德与法治融合教育模式取得了显著成效,不仅提升了学生的道德素养和法治意识,还促进了教师能力的提升和家校关系的和谐。未来,学校将继续深化教育改革,不断创新教学方法和评价体系,进一步完善道德与法治融合教育模式,为培养更多具有高尚品德、法治观念和社会责任感的新时代青少年贡献力量。同时,也将积极推广这一模式,为更多学校提供借鉴和参考。

※【案例三】

七年级道德与法治融合教育在"美好集体,共筑梦想"主题活动中的实施与成效

一、活动背景与目标

随着新课程改革的深入,七年级道德与法治课程更加注重学生的实践能力和综合素养的培养。为了增强学生的集体观念、团队协作能力和法治意识,惠州市惠台学校七年级(2)班开展了以"美好集体,共筑梦想"为主题的道德与法治融合教育活动。本次活动旨在通过跨学科整合和实践活动,让学生在参与中体验集体的力量,理解个人与集体的关系,并树立法治观念。

二、具体做法

跨学科整合课程设计:结合美术课程,引导学生绘制班级愿景图,通过图画表达他们对美好集体的憧憬和期待。这一环节不仅锻炼了学生的美术技能,还加深了他们对集体愿景的理解和认同。融入历史学科,通过讲述历史上著名集体(如红军长征队伍等)的故事,引导学生思考集体力量的重要性,以及如何在现代

社会中发挥集体优势。

实践活动组织：开展"班级运动会"，设置接力赛、拔河比赛等团队项目，让学生在比赛中体验团队合作的重要性，感受集体荣誉带来的喜悦。同时，通过比赛规则的制定和执行，让学生理解法治在集体活动中的作用。实施"班级小法庭"模拟活动，选取班级内部的小纠纷作为案例，让学生扮演法官、律师、当事人等角色进行模拟审判。这一环节旨在通过角色扮演的方式，让学生亲身体验法治的严肃性和公正性，同时培养他们的逻辑思维和口头表达能力。

家校合作共育：邀请家长参与"美好集体，共筑梦想"主题班会，分享家庭中的集体生活和法治故事，增进家校之间的理解和信任。同时，鼓励家长在日常生活中注重培养孩子的集体观念和法治意识。

三、活动成效

集体观念显著增强：通过跨学科整合和实践活动，学生深刻理解了集体的重要性，认识到个人与集体之间的紧密联系。他们开始更加珍惜集体生活，积极参与集体活动，为班级争光。

团队协作能力提高：在班级运动会和小组项目合作中，学生学会了如何与他人协作、分工合作和有效沟通。他们的团队协作能力得到了显著提升，为未来的学习和生活打下了坚实的基础。

法治意识树立：通过模拟法庭活动和日常生活中的法治教育渗透，学生逐渐树立了法治观念。他们开始关注法律法规，了解违法行为的后果，并学会用法律武器保护自己和他人的合法权益。

综合素质全面提升：本次活动不仅提升了学生的道德素养和法治意识，还促进了他们多方面能力的发展，如美术技能、语言表达能力、逻辑思维能力等都得到了不同程度的提高。

四、结论与展望

本次七年级道德与法治融合教育模式的实践案例表明，通过跨学科整合和实践活动的方式可以有效地提升学生的集体观念、团队协作能力和法治意识。未来，学校将继续深化教育改革，探索更多有效的融合教育模式和方法，为学生的全面发展提供更加广阔的平台和机会。同时，也希望通过这样的实践活动激发更多学生对道德与法治课程的兴趣和热爱，为他们培养社会责任感和公民意识奠定坚实的基础。

※【案例四】

"法治之光，照亮成长之路"
——七年级道德与法治融合教育

一、背景与目标

随着社会的快速发展，法治教育在中小学教育中的重要性日益凸显。为了增强学生的法治观念，某初中七年级决定开展以"法治之光，照亮成长之路"为主题的道德与法治融合教育活动。该活动旨在通过跨学科整合、实践活动等多种形式，将法治教育与学生的日常生活紧密结合，让学生在实践中感受法治的力量，树立正确的法治观念。

二、具体做法

跨学科整合课程设计：结合历史学科，讲述历史上著名法治人物和事件，如商鞅变法、包拯断案等，让学生理解法治对社会进步的重要性。利用信息技术课程，引导学生制作法治主题的手抄报、PPT或短视频，通过创意表达加深对法治知识的理解。

实践活动组织：开展"法治小卫士"社会实践活动，组织学生走进社区、法院或检察院等地，实地观察法律工作者的日常工作，了解法律程序，增强法治实践体验；举办"法治知识竞赛"，通过趣味问答、案例分析等形式，激发学生的学习兴趣，检验学生的学习成果。

家校合作共育：定期邀请法律顾问或法律工作者来校举办讲座，为家长和学生普及法律知识，提高全家的法治意识；建立家校联系手册，记录学生在家庭中的法治行为表现，如遵守家规、尊重他人权益等，形成家校共育的良好氛围。

三、活动成效

法治观念深入人心：通过一系列跨学科整合和实践活动，学生对法治有了更直观、更深入的认识。他们开始关注身边的法律问题，学会用法治思维思考问题。

实践能力显著提升：学生在参与社会实践活动和法治知识竞赛的过程中，不仅锻炼了沟通表达能力，还学会了如何将所学知识应用于实际生活中，解决具体问题。

家校关系更加和谐：家校合作共育机制的建立，增强了家长对学校教育工作的理解和支持。家长开始更加关注孩子的法治教育，与学校共同促进孩子的健康成长。

社会影响积极广泛：该活动得到了社会各界的广泛关注和好评。学校因此获得了更多的教育资源和支持，为进一步提升法治教育质量奠定了坚实基础。

四、结论与展望

该案例表明，道德与法治融合教育模式在中小学教育中具有巨大的潜力和价值。通过跨学科整合、实践活动等多种形式，我们可以有效地将法治教育与学生的日常生活紧密结合，让学生在实践中感受法治的力量，树立正确的法治观念。未来，学校应继续深化教育改革，不断创新教学方法和手段，为培养具有高尚品德和法治素养的新时代青少年贡献力量。

※【案例五】

九年级"参与民主生活"融合教育模式实践

一、背景与目标

随着学生步入九年级，他们面临着更加复杂的社会环境和个人成长挑战。在这一阶段，培养学生的公民意识、民主参与能力和社会责任感显得尤为重要。因此，设计"参与民主生活"融合教育模式，旨在通过跨学科整合、校园民主实践、社区参与等多种形式,让学生在真实情境中体验民主过程,增强民主意识,提升参与民主生活的能力。

二、具体做法

跨学科整合课程设计:结合政治学科,深入讲解民主制度、公民权利与义务等基础知识,引导学生理解民主的核心价值;联合语文、历史等学科,通过文学作品、历史事件等案例,分析民主思想的发展与实践,增强学生的历史文化认同感;引入社会学、心理学等课程元素,探讨社会结构、人际关系对民主参与的影响,以及民主参与过程中的心理变化与应对策略。

校园民主实践:建立学生代表大会制度,让学生自主选举代表,参与学校规章制度的制定、修改与监督执行过程,体验民主决策的实际操作;开展"民主班级"建设活动,鼓励学生自主管理班级事务,如班级规则制定、活动策划与执行等,培养学生的自治能力和团队协作精神。

社区参与项目:组织学生参与社区服务活动,如环保宣传、助老助残、法律援助等,让学生在服务他人的过程中增强社会责任感;开展"社区民主观察"项目,引导学生关注社区公共事务,通过调查、访谈等方式了解社区民主运作情况,提出改进建议,促进社区民主建设。

模拟联合国大会:举办模拟联合国大会活动,让学生扮演不同国家的外交官,围绕国际议题进行辩论、协商和决策,体验国际政治舞台上的民主与合作。

家校合作共育:加强家校沟通,共同关注学生在民主参与方面的成长与发展。学校定期向家长通报相关活动进展和学生表现情况,邀请家长参与学校民主教育活动;鼓励家长在家庭生活中培养孩子的民主意识,如开家庭会议、共同决策等,形成良好的家庭民主氛围。

三、预期成效

民主意识增强:学生通过跨学科整合课程、校园民主实践、社区参与等多种形式的教学活动,对民主制度、公民权利与义务等有了更深入的理解，民主意识显著增强。

参与能力提升：学生在实际参与民主决策、社区服务、模拟联合国大会等活动过程中，锻炼了沟通表达能力、团队协作能力、批判性思维和解决问题的能力等参与民主生活所必需的能力。

社会责任感增强：通过社区服务活动，学生更加关注社会问题，增强了社会责任感和使命感，愿意为社会的进步和发展贡献自己的力量。

家校关系更加和谐：家校合作共育机制的建立和实施，促进了家校之间的沟通与理解，家校关系更加和谐，共同为学生的健康成长营造良好的环境。

四、结论与展望

九年级"参与民主生活"融合教育模式实践案例，通过跨学科整合、校园民主实践、社区参与等多种形式的教学活动，有效地培养了学生的民主意识、参与能力和社会责任感。未来，学校应继续深化教育改革，不断创新教学方法和手段，加强民主教育与实践环节的融合，为培养具有民主意识和社会责任感的新时代公民贡献力量。同时，也期待更多的学校和教育工作者能够借鉴和推广这一模式，共同推动民主教育事业的发展。

第二节　效果分析

效果分析是对道德与法治融合教育模式的实践效果评估。

一、引言

为了全面评估道德与法治融合教育模式的实践效果，我们采用了问卷调查、访谈和观察等多种方法，深入收集和分析数据。本文将详细展示这些方法的应用过程，以及通过它们所揭示的教育模式对学生道德素养提升、法治意识增强等方面的积极影响。

二、数据收集方法

（一）问卷调查

设计了包含多维度问题的问卷，旨在全面了解学生对道德与法治融合教育模式的认知、态度及其在学习、生活中的应用情况。

问卷对象包括全体学生和部分家长，以确保数据的全面性和代表性。

采用匿名填写方式，确保数据的真实性和客观性。

（二）访谈

选取了部分学生、教师和家长作为访谈对象，通过深入交流，了解他们对教育模式的看法、感受和建议。

访谈内容涵盖了道德素养提升、法治意识增强、学习兴趣激发等多个方面。

（三）观察

组织了专业的观察团队，对课堂教学、实践活动、学生行为等进行实地观察，记录相关数据和现象。

观察重点包括学生在道德与法治方面的表现、教师的教学方法和学生的参与度等。

三、数据分析与结果

（一）学生道德素养的提升

问卷调查结果显示，大多数学生认为通过融合教育模式，他们对道德规范有了更深入的理解，更加懂得尊重他人、关心集体。

访谈中，学生纷纷表示，在教育模式的影响下，他们更加注重个人品德的修养，能够自觉遵守社会公德和校规校纪。

观察数据表明，学生在日常生活中的道德行为得到了明显改善，如礼让座位、拾金不昧等好人好事层出不穷。

（二）法治意识的增强

问卷调查显示，学生对法律法规的了解程度显著提高，能够正确识别违法行为并自觉抵制。

访谈中,学生表示,通过模拟法庭、法治讲座等活动,他们对法律程序和法律精神有了更深刻的认识,学会了运用法律武器保护自己的合法权益。

观察数据表明,学生在遇到问题时,更加倾向于寻求法律途径解决,而不是采取暴力或非法手段。

(三)其他积极效果

学生的学习兴趣得到了激发,对道德与法治课程的兴趣显著提高,课堂参与度大幅提升。

教师的教学方法和理念得到了更新,跨学科融合教学成为常态,教学质量和效果得到了提升。

家校合作更加紧密,家长对学校的满意度提高,形成了良好的教育生态。

四、结论与展望

通过问卷调查、访谈和观察等多种方法的综合应用,我们深入评估了道德与法治融合教育模式的实践效果。结果表明,该模式在提升学生道德素养、增强法治意识等方面取得了显著成效。未来,我们将继续深化教育改革,不断创新。

※【案例一】

初中道德与法治融合教育模式在"美好集体有我在"章节中的实践效果分析

一、背景与目标

随着社会的发展,集体观念对于个人和社会的重要性日益凸显。初中阶段是学生形成正确价值观、道德观和法治观的关键时期。因此,某初中道德与法治课程在"美好集体有我在"这一章节中,实施了融合教育模式,旨在通过跨学科整合、实践活动等多种方式,培养学生的集体观念、团队协作能力、沟通能力和道德素养。

二、具体做法

跨学科整合:结合美术资源,如展示王临乙的浮雕《民族大团结》和叶浅予的中国画《中华民族大团结》等图片,让学生从美术角度感受集体的力量与团结的重要性;引入历史学科中的集体愿景案例,与学生共同探讨集体愿景对团队或国家发展的推动作用,以及集体荣誉和团结对个人成长的影响。

实践活动:组织学生策划校内文化艺术节,鼓励学生自行组成团队,每个团队成员负责不同的职责,如活动策划、宣传推广、场地布置等。在活动中,学生需要制定集体愿景,明确目标,并运用不同学科的知识和技能来完成任务。实施小组讨论和分享环节,让学生分享自己在集体活动中的体验和感悟,以及集体愿景对个人成长的影响。

三、效果分析

集体观念增强:通过跨学科整合和实践活动,学生对集体的认识更加深入,集体观念显著增强。他们开始意识到自己在集体中的角色和责任,更加珍惜集体生活,愿意为集体的发展贡献自己的力量。

团队协作能力提升:在策划文化艺术节等实践活动中,学生需要相互协作、分工合作,这有效提升了他们的团队协作能力。

他们学会了如何与他人有效沟通、协调资源、共同完成任务。

沟通能力提高：在小组讨论和分享环节中，学生需要积极表达自己的观点，理解他人的看法，并寻求共识。这些活动有效提高了学生的沟通能力，使他们能够更好地与他人进行交流和合作。

道德素养提升：通过集体活动和讨论，学生更加深刻地理解了团结、互助、尊重等道德价值。他们在实践中践行这些价值观，道德素养得到了显著提升。

跨学科知识应用：学生在实践活动中运用了语文、数学、地理、艺术、社会学或历史等多学科的知识和技能，实现了道德与法治与其他学科的有机融合。这种跨学科的教学方式不仅丰富了学生的知识面，还提高了他们综合运用知识解决问题的能力。

四、结论与展望

本案例中的初中道德与法治融合教育模式在"美好集体有我在"章节中取得了显著成效。学生的集体观念、团队协作能力、沟通能力和道德素养均得到了有效提升。未来，学校可以继续深化教育改革，探索更多有效的融合教育模式，为学生的全面发展提供更加广阔的舞台。同时，也可以考虑将这种模式推广到其他学科和领域，以促进学生综合素养的全面提升。

※【案例二】

初中道德与法治融合教育模式在"做负责任的人"章节中的实践效果分析

一、背景与目标

在新时代背景下，培养学生的责任感、道德素养和法治观念尤为重要。某初中道德与法治课程在"做负责任的人"这一章节中，创新性地实施了融合教育模式，旨在通过跨学科整合、实践活动等多种方式，增强学生的责任感、法治意识和道德素质。

二、具体做法

跨学科整合：结合历史、语文等学科内容，引入中国故事，如张桂梅校长的事迹，通过视频播放、小组讨论等形式，让学生深刻理解责任的含义和重要性；利用生物学中的相互依赖关系等概念，将个人与集体、责任与成长的关系具象化，帮助学生从多个角度理解责任的意义。

实践活动：组织学生开展"寻找身边的责任榜样"活动，鼓励学生观察并记录身边履行责任的人物及其事迹，通过分享会等形式，增强学生的责任感；实施"模拟社会角色体验"活动，让学生扮演不同社会角色（如消防员、医生等），通过角色扮演体验责任的重要性。

三、效果分析

责任感增强：通过跨学科整合和实践活动，学生对责任有了更深刻的认识。问卷调查结果显示，超过90%的学生表示自己在日常生活中更加注重履行责任，能够主动承担家务、帮助他人等。

法治意识提升：学生在理解责任的过程中也意识到了法治的重要性，他们开始关注法律法规，了解违法行为的后果，并学会用法律武器保护自己。

道德素养提高：融合教育模式不仅增强了学生的责任感和法治意识，还促进了他们道德素养的提升。学生在活动中学会了尊重他人、关心集体、诚实守信等美德。

综合能力发展：通过跨学科整合和实践活动，学生的沟通能力、合作能力、问题解决能力等得到了全面发展。他们能够在小组讨论中积极发言、分享观点，在实践活动中相互配合、共同完成任务。

四、结论与展望

本案例中的初中道德与法治融合教育模式在"做负责任的人"章节中取得了显著成效。学生的责任感、法治意识和道德素质均得到了有效提升。未来，学校可以继续深化教育改革，探索更多有效的融合教育模式。

第五章 挑战与对策

在当今社会，随着法治建设的不断推进和道德教育的不断深化，道德与法治的融合教育已成为教育领域的一个重要议题。道德与法治作为社会文明的两大基石，它们之间存在着紧密的联系和互补性。道德是法治的基础，法治则是道德的保障。因此，将道德与法治融合于教育之中，不仅有助于培养学生的道德素养和法治观念，更是构建和谐社会、实现全面依法治国目标的重要途径。

然而，在实际的教育实践中，道德与法治的融合并非易事。如何有效地将二者结合起来，形成一种既符合教育规律又适应时代需求的教育模式，是我们面临的一大挑战。本章将深入探讨道德与法治融合教育模式的内涵、特点、实施策略和面临的挑战，旨在为教育工作者提供有益的参考和启示。

通过本章的学习，读者将能够更深入地理解道德与法治融合教育模式的重要性和必要性，了解该模式的基本框架和实施要点，同时也将对如何克服实施过程中的困难和挑战有所启发。我们相信，通过不断探索和实践，道德与法治融合教育模式必将在培养具有高尚道德情操和法治素养的公民方面发挥重要作用。

第一节 面临的挑战

在实施道德与法治融合教育模式的过程中,我们不可避免地会遇到一系列挑战和困难。这些挑战既来源于教育理念的更新,也涉及教学资源的配置、教学方法的创新和评价体系的完善等多个方面。

一、教育理念更新缓慢

道德与法治融合教育模式要求教育者具备全新的教育理念,强调跨学科整合、实践导向和以学生为中心的教学方法。然而,传统教育理念往往侧重于知识传授和应试技巧,导致部分教育者难以快速适应和接受新的教育模式。这种教育理念上的滞后,可能会阻碍融合教育的有效实施。

二、教学资源配置不足

道德与法治融合教育模式需要丰富的教学资源来支撑,包括教材、教具、多媒体资源等。然而,在实际教学中,我们可能会发现教学资源的配置并不充足,尤其是跨学科整合所需的资源更为匮乏。这可能会限制教师的教学发挥,影响融合教育的效果。

三、教学方法创新难度大

道德与法治融合教育模式要求教学方法创新，以适应跨学科整合和实践导向的教学需求。然而，创新教学方法并非易事，需要教师具备较高的专业素养和教学技能。同时，新的教学方法也需要经过实践的检验和不断完善，这可能会增加教师的负担和压力。

四、评价体系不完善

道德与法治融合教育模式强调学生的全面发展和综合素质提升，因此，传统的以考试成绩为主的评价体系已无法满足需求。然而，建立全面、科学的评价体系并非一蹴而就，需要教育者、学校、家长等多方面的共同努力和协作。在评价体系不完善的情况下，可能会难以准确评估学生的学习效果和融合教育的成效。

第二节 应对的策略

实施道德与法治融合教育模式过程中面临的挑战和困难是多方面的。我们需要加强师资培训、完善评价体系、强化资源整合和加强家校合作等，从而有效地应对道德与法治融合教育过程中遇到的挑战和困难，推动教育的持续优化和发展。

一、加强师资培训，提升教学质量

系统化培训：定期组织教师参加道德与法治融合教育的系统化培训，涵盖教育理念、教学方法、课程整合等多个方面，以提升教师的专业素养和教学能力。

实战演练：通过模拟教学、案例分析等方式，让教师在实践中学习和掌握融合教育的技巧和方法，提高教学效果。

专家指导：邀请教育专家、学者举办讲座和指导，为教师提供最新的教育理念和教学方法，促进教师的专业成长。

二、完善评价体系，确保教育效果

多元化评价：采用多元化的评价方式，包括课堂表现、作业完成情况、实践活动参与度等，全面评价学生的学习效果和综合素质。

形成性评价：注重形成性评价，即在教学过程中及时给予学生反馈和指导，帮助学生调整学习策略，提高学习效果。

家长参与评价：鼓励家长参与学生的评价过程，让家长了解学生的学习和进步情况，增强家校合作，共同促进学生的发展。

三、强化资源整合，丰富教学内容

跨学科整合：加强道德与法治与其他学科的整合，如历史、地理、社会等，共同构建跨学科的教学体系，丰富教学内容。

利用网络资源：充分利用网络资源，如在线课程、教育平台等，为学生提供丰富多样的学习材料和资源，拓宽学生的视野。

开发校本教材：根据学校的实际情况和学生的需求，开发具有本校特色的道德与法治融合教育校本教材，提高教学的针对性和实效性。

四、加强家校合作，形成教育合力

定期沟通：建立家校定期沟通机制，及时向家长通报学生的学习情况和进步，听取家长的意见和建议，共同促进学生的发展。

家长参与教学：鼓励家长参与学校的教学活动，如家长课堂、亲子活动等，让家长更加了解学校的教育理念和教学方法，增强家校合作。

共同营造教育氛围：家校共同营造积极向上的教育氛围，注重培养学生的道德品质和法治意识，为学生的全面发展提供有力支持。

第六章 结论与展望

在前面的章节中，我们深入探讨了道德与法治融合教育模式的构建与实施。这一创新性的教育模式，旨在将道德与法治教育有机融合，以培养学生的道德素养和法治观念，为构建和谐社会、实现全面依法治国目标奠定坚实基础。通过详细分析该模式的理论基础、实践策略和面临的挑战，我们对其有了更为全面和深入的理解。

本章作为全书的总结与展望部分，将重点回顾道德与法治融合教育模式在构建与实施过程中取得的主要成果和经验，分析其对教育领域和社会发展的积极影响。同时，我们也将基于当前的研究和实践状况，对未来该模式的发展方向和策略进行展望，以期为其持续优化和推广提供有益的参考。

通过本章的学习，读者将能够更加清晰地认识到道德与法治融合教育模式的重要性和价值，了解其在实践中的成功经验和存在的问题，同时也将对如何进一步推动该模式的发展有所启发。我们相信，通过不断的探索和实践，道德与法治融合教育模式必将在未来发挥更加重要的作用，为培养具有高尚道德情操和坚实法治素养的公民贡献力量。

第一节 研究结论

经过深入探索与实践，道德与法治融合教育模式的构建与实施取得了显著成效。该模式不仅成功地将道德与法治教育有机融合，形成了独特的教育体系，还有效地提升了学生的道德素养和法治观念。通过实施这一模式，我们见证了学生在道德品质和法治素养方面的显著提升，他们更加懂得尊重他人、遵守规则，也更加明白自己的权利和义务。

这一模式的成功实施，对教育领域产生了深远的影响。它打破了传统道德教育与法治教育相分离的局限，为培养具有高尚道德情操和坚实法治素养的公民提供了新的路径。同时，该模式的推广和应用，也有助于推动教育公平，缩小城乡、区域之间的教育差距，让更多的学生享受到优质的教育资源。

第二节　未来展望

展望未来，道德与法治融合教育模式仍有广阔的发展空间和潜力。随着社会的不断进步和教育的持续发展，我们需要进一步完善该模式的理论体系和实践机制，加强与其他学科的融合与渗透，形成更加全面、系统的教育体系。同时，我们还应加强国际交流与合作，借鉴国际先进的教育理念和方法，不断提升我国道德与法治融合教育的国际影响力和竞争力。

在未来的发展中，我们还应注重培养学生的创新精神和实践能力，引导他们将所学的道德与法治知识运用到实际生活中，成为具有社会责任感和担当精神的公民。此外，我们还应加强师资队伍建设，提升教师的专业素养和教学能力，为道德与法治融合教育的持续发展提供有力的人才保障。

综上所述，道德与法治融合教育模式的构建与实施取得了显著成效，对未来教育领域的发展产生了积极的影响。展望未来，我们将继续努力完善该模式，加强国际交流与合作，培养学生的创新精神和实践能力，为培养具有高尚道德情操和坚实法治素养的公民贡献力量。

后 记

随着本著作《道德与法治融合教育模式的构建与实施》的完稿,我心中充满了感慨与期待。回望整个研究与写作过程,这不仅是一次对教育理念的深入探索,更是一场关于教育实践的深刻反思。

在撰写此书的过程中,我深刻体会到了道德与法治融合教育模式的重要性和紧迫性。在当今社会,法治与道德作为社会文明的基石,对于培养具有高尚品德和法治素养的新时代公民具有不可替代的作用。然而,如何将这二者有效地融合于教育之中,一直是我们教育工作者面临的重大课题。

本书试图从理论与实践两个层面,对道德与法治融合教育模式的构建与实施进行系统的探讨。在理论层面,我们深入剖析了融合教育的理念、目标、原则等,为实践提供了坚实的理论基础。在实践层面,我们结合具体的教学案例,详细阐述了融合教育的实施策略、方法、路径等,力求为教育工作者提供可操作性的指导。

在撰写此书的过程中,我得到了许多同仁、专家、学者的帮助和支持。他们无私地分享了自己的研究成果和实践经验,为我提供了宝贵的参考和启示。同时,我也深深感受到了教育事业的伟大和崇高。每一次与孩子们的互动,每一次看到他们在融合教育的熏陶下茁壮成长,都让我更加坚定了从事教育工作的信念和决心。

然而,我深知本书仍存在许多不足之处。由于时间和精力的限制,我可能无法对所有相关问题进行深入的探讨和分析。同时,教育实践是不断发展变化的,新的问题和挑战也会不断涌现。因此,我衷心希望广大教育工作者能够继续深入研究和实践道德与法治融合教育模式，不断完善和丰富其内涵和形式。

最后，我要感谢所有支持和帮助过我的人。感谢我的家人、朋友、同事、领导等，他们一直陪伴在我身边，给予我无尽的关爱和支持。同时，我也要感谢那些为教育事业默默奉献的同仁们，是他们的辛勤付出和无私奉献，才使得我们的教育事业不断向前发展。

愿本书能够为道德与法治融合教育模式的推广和实施贡献一分力量，愿我们的教育事业更加繁荣昌盛！

参考文献

[1] 周自兴. 道德与法治教育的有效融合——写在"道德与法治"课程实施之际[J]. 江西教育, 2016（29）: 5-6.

[2] 刘汝敏. 小学道德与法治课堂教学中提升学生核心素养策略[J]. 现代中小学教育, 2018, 34（7）: 25-27.

[3] 高宇翱. 开设道德与法治课凸显法治教育力度[J]. 基础教育论坛, 2016（26）: 30-32.

[4] 李媛媛. 基于小学道德与法治课与法治教育融合的思考[J]. 神州, 2018（22）: 128.

[5] 葛雪斐. 小学道德与法治教学中活动情境创设初探[J]. 科学咨询, 2018（36）: 120.

[6] 教育部, 司法部, 全国普法办. 青少年法治教育大纲[S]. 2016.

[7] 张雷鸣. 基于小学道德与法治课与法治教育融合的思考[J]. 基础教育研究, 2017（11）: 73-74.

[8] 刘博文. 高校道德教育与法治教育融合研究[D]. 北京: 北方工业大学, 2017.

[9] 陈忠惠. 道德教育和法治教育在初中有效融合的文化视野[J]. 课程教育研究, 2017（52）: 234-235.

[10] 智晶晶, 王颖. 高校道德教育与法治教育有效融合研究[J]. 北京教育（高教版）, 2019（01）: 98-100.